機械翻訳と未来社会

言語の壁はなくなるのか

瀧田 寧・西島 佑 編著

Machine Translation and Future Society:
Will We See a World Without Language Barriers in the Future?

社会評論社

機械翻訳と未来社会　――言語の壁はなくなるのか　＊目次＊

巻頭言

機械翻訳はバベルの塔を再建するか

木村護郎クリストフ

「世界中は同じ言葉を使って、同じように話していた。東の方から移動してきた人々は、シンアルの地に平野を見つけ、そこに住み着いた。彼らは、『れんがを作り、それをよく焼こう』と話し合った。石の代わりにれんがを、しっくいの代わりにアスファルトを用いた。彼らは、『さあ、天まで届く塔のある町を建て、有名になろう。そして、全地に散らされることのないようにしよう』と言った。主は降って来て、人の子らが建てた、塔のあるこの町を見て、言われた。『彼らは一つの民で、皆一つの言葉を話しているから、このようなことをし始めたのだ。これでは、彼らが何を企てても、妨げることはできない。我々は降って行って、直ちに彼らの言葉を混乱させ、互いの言葉が聞き分けられぬようにしてしまおう』主は彼らをそこから全地に散らされたので、彼らはこの町の建設をやめた。こういうわけで、この町の名はバベルと呼ばれた。主がそこで全地の言葉を混乱（バラル）させ、また、主がそこから彼らを全地に散らされたからである。」（旧約

（聖書　創世記一一章一―九節、新共同訳）

冒頭に掲げたのは、世界の多言語状況を語る際にたびたび引用される、旧約聖書の「バベルの塔」の物語である。この逸話から、多言語状況はしばしば「バベル的状況」といわれる。この意味での「バベル的状況」を超えて異なる言語を話す人々の間をつなぐために人類はさまざまな言語的媒介手段を生み出してきた（木村／渡辺二〇〇九）。とりわけ第二次世界大戦および冷戦の終結を経て、二一世紀初頭には、英語が世界共通語としての地位を確立しつつあるかにみえる。

しかし近年、機械翻訳がめざましい進展をみせ、新たな展開が生まれている。言語がばらばらになって相互に通じない状況を「バベル的状況」と呼ぶのであれば、機械翻訳によって言語の壁が乗り越えられる状況は「バベルの塔の再建」ということになるのであろうか。このことを考えることをもって、本書の巻頭言としたい。

「バベル的状況」の再解釈

とはいえ、長年にわたる膨大なバベルの塔物語の解釈史をここで追うことはできないので、日本語で読める近年の議論から、議論の傾向を代表する例をいくつかとりあげることにする。まず、バベルの塔の話について一般的に広まっている解釈を確認しよう。英語教育界の中にあって多言語教育の意義を力説しつづけてきた森住衛は、バベルの塔について次のように述べている。

「聖書にバベルの塔の逸話がある。周知のように、人間が天に向かう塔をつくるなど神をも恐れぬ行為をしたので、神が人間の話す言語を異なるようにして、意思疎通を難しくさせたという話である。この前提となっているのは、人間のことばが異なるのはよくないという考えである。」(森住二〇一六、五)

この記述は、理想的な単一言語状況が人間のおごりによって失われ、罰として多言語状況になってしまったというのがバベルの塔の話の趣旨である、という一般的な解釈に沿っている。言語系の研究者などによるバベルの塔の解説は大抵、この解釈のバリエーションである。

しかし別の解釈もありうる。現代思想が専門の藤本一勇は、バベルの塔の話を、「唯一的な言語という幻想」をめざす言語の権力とそれがはらむ諸問題を発見するための物語として読むことができるとして、次のように述べる。

「なるほど、現実世界の多様性や複雑性は、下手をすれば軋轢や暴力の源でもあるが、それはまた一つに収束しない諸可能性の創造力の源でもある。それを統制しようとすれば、創造的関係の可能性をも窒息させることになりかねない。バベルの塔は、現実の多様性がはらむ暴力性を統制

しようとする暴力の落とし穴を表現しているのではないか。」（藤本二〇〇九、一五）

この解釈によると、先ほどの一般的な解釈とは逆に、この逸話は、単一言語状況を理想視しているどころか、言語の画一化に極めて批判的な視点をもった物語ということになる。

どちらの解釈がより説得的だろうか。この聖書箇所の神学・聖書的な注解では、通常、聖書の根本思想である「罪」の問題にもつながる人間のおごりという主題が注目される。反面、社会言語学的な観点にはあまり深く立ち入らないことが少なくない。言語系の文章においてこの話がもっぱら多言語状況の原因譚として扱われ、神学的な論に立ち入らないことが多いのと同じように。しかし人間のおごりが多言語をめぐる問題とつながっていることにこそ、この話の独自性があるので、そこをはずしてしまうのはもったいない。その点、言語の社会性にも立ち入った聖書解釈として、社会科学者にしてキリスト教伝道者であった矢内原忠雄の論は興味深い。矢内原によれば、バベルの塔の話は

「本来言語を一にする一つの種族が方言を異にする多くの種族に分派した記事ではなく、寧ろ言語を異にした数種族を征服して、言語の同化統一政策を取った帝国が崩壊し、其の支配下にありし諸種族が解放せられて、各固有の言語を恢復したことの記事として読むを可とする。」（矢内原一九七八、一〇七）

聖書学者の月本昭男（二〇〇五）は、考古学の知見をふまえて、矢内原のこの解釈を裏付ける論を展開している。すなわち、塔は、バビロニア帝国の政治的、経済的、文化的な力の大きさの象徴であったが、バベルの塔の話を書き残した古代ユダヤの作者は、周囲の諸民族をしたがえたこの帝国の威力に幻惑されることなく、むしろその集権化を批判的にみて、その瓦解を必然的な結果として、また神の意思にかなうこととして描いたというのである。このような視点からすると、「同じ言葉」というのは、バビロニアの言葉を共通語とする覇権の現れであり、好ましいことではなかった。発見された古代の外交文書を見ると、バベルの塔の話が基づいているバビロニア帝国の言語が実際に当時の中東世界の国際共通語であったことがわかるという（月本二〇〇五、二七―一八）。

神学の素養のある言語学者ジョン・C・マーハも、「世界の諸言語は人類の罰であり、二言語併用は呪いである」（マーハ二〇一六、一一六）という通俗的な解釈を批判的に検討し、「バベルの建築者たちは、自らの単一言語の使用によって混乱（言語的混乱）に陥ったのであって、別々の舌（すなわち言語的多様性）によってではない」（同上、一一八）とする。神の介入というのは、このことのいわば古代的な表現といえよう。よって、

「罰と解釈された言語的多様性は翻って実在的解放の問題となる。これは神に宣言された人類の創造目的にも一致する。（…）神は人の思い上がりとバベルの塔の内側とをひっくり返す―

言語という道具を通じて。バベルの塔における人類の意志と言語実践の統一を破壊することで、神は人類に言語と文化の多様な世界を受け入れ、塔から出て行くよう強いる。」（マーハ二〇一六、一二〇）

マーハが創造目的として示唆するように、このように解釈することは、聖書の他の箇所とも整合性がとれる。創世記のはじめからして、人間は地上に広がることがよしとされているので（創世記一章二八節、九章一節）、一か所に集まって塔を作るのをやめて各地に散っていったのは神の当初の意思にかなうことであった。実に、バベルの塔の話のすぐ前の創世記一〇章五節には、ノアの子孫について、「それぞれの地に、その言語、氏族、民族に従って住むようになった。」と、人間の言語が既に多様であったことが述べられているのである。

言語の一元的な統制を、人間のおごりの一環および象徴としてとらえると、「バベル的状況」というのは、言語の多様性についてではなく、むしろ多様性が抑圧される状況を指すために用いるのがふさわしいと思われる。単一言語状況の理想視は、バベルの塔の話の中にではなく、それを読んだ読み手の頭の中にあったのである。それをバベルの塔の話に投影していたのが、一般的な解釈であった。

反面、バベルの塔の話には、そこに「単一言語主義」を見出すような「誤読」が生まれる余地があることも否めない。言語の多様性は決して手放しに礼賛されてはいない。人間の現実として肯定されているものの、理想視されているとはいえないのである。多様性（「ダイバーシティ」）が称揚される昨今の風潮に沿って、バベルの塔の話をあたかも「多言語主義」であるかのようにとらえることも勇み足だろう。しかし、多様性に関わる問題は、画一化という幻想をめざすことによっては解決されないことが指摘されていることを見逃してはならない。むしろ多様性の現実を謙虚に受けいれることが示唆されている。

新たな「バベルの塔」を築かないために

以上のように一般的な解釈の問題点を確認したうえで、本書の主題に戻ろう。画一化への批判であるという解釈をとると、バベルの塔の話は、特定の基準や価値観を「グローバルスタンダード」（世界標準）とみなすようなグローバリズムの批判的な問い直しを迫る問いかけとなる。それに対して、機械翻訳は、「英語帝国主義」などと異なり、言語の多様性を尊重するようにみえるので、批判的な問いかけを免れるようにみえるかもしれない。

しかし、翻訳の観点からバベルの塔をとりあげるマイケル・クローニンは、「異なる言語を話し・書き・読む人間の間で直ちに意思疎通を行いたいという欲望」を「新バベル主義［neo-Babelism］」と呼ぶ（クローニン二〇一〇、八二）。機械翻訳が、この欲望に応えようとするものであるならば、そこに落とし穴はないだろうか。自分の伝えたいことは全てそのまま別言語に変換できるのだろうか。また自分にわからない言語で表現された文言を理解できる言語に機械的に置き換えさせることで、異なる言語や文化が本当に理解できるのだろうか。機械翻訳が発展していけば異言語（「外国語」）教育はいらなくなるという発想に陥ってしまうとしたら、それは、言語の多様性が機械的な処理によって画一化できるという新たなバベルの塔を築くことに他ならない。

写真が発明されたことによって絵画がなくなったのではなくむしろ写実をこえた新たな絵画の境地が生み出されたように、また録音技術によってコンサートがなくなったわけではなく体験ならではの新たな価値が前面に出るようになったのと同じく、機械翻訳が発展することによって、異言語に取り組むなかから自己や他者を再発見する異言語学習の意義がかえって鮮明化されるはずである。

機械翻訳はとても便利であり、大きな可能性を持っている。しかし、本書の各章が示すように、さらなる展開のために考えなければならない課題はまだまだ多い。また、機械翻訳に頼りすぎると、翻訳されたもので十分に理解できたという誤解をむしろ広げかねない。機械翻訳は、それ自体がバベルの塔を築くものでもなければ、この物語の問いかけから免れるものでもない。機械翻訳が、言葉の壁を乗り越えることができたという安易な幻想とおごりを生んで新たなバベルの塔を築かないために、本書が編まれたといえるだろう。

〔座談一〕

本書への誘い

瀧田寧・西島佑・
羽成拓史・瀬上和典

一　本企画の経緯と本書の意義

瀧田　本書の執筆者紹介を見た方々は、一体この四人はどういうつながりなのだろうか、という疑問を抱かれることと思います。そこでまず、本書ができるまでの経緯を振り返っておきましょう。本書の編集はわたしと西島さんとで進めてきましたが、そもそもこのテーマでの勉強会は西島さんの企画したワークショップから始まっているのですよね。

西島　はい。この論集の出発点は、二〇一七年一月二一日に上智大学で行われたワークショップ「言語の壁がなくなったら：機械翻訳と未来社会」です。ただ、実は二〇一五年度に、ぼくは機械翻訳をテーマにした論文をすでに書いていました。ですが、その後も機械翻訳が普及した未来社会の課題をいろいろ考え続けていました。

瀧田　その論文は、上智大学理工学部・大学院理工学研究科主催のテイヤール・ド・シャルダン奨学金の懸賞論文で、金賞を受賞（注1）したのですよね。

西島　そうです。

瀧田　そこからワークショップまでの流れについて、少し話していただけますか。

西島　はい。ちょうどその受賞の少し後に、当時ぼくが所属していた上智大学大学院グローバル・スタディーズ研究科で若手研究者がイニシアティブをとって企画するシンポジウム／ワークショップを募集していました。そこで、機械翻訳をテーマにシンポジウムかワークショップをやればもっと考察の幅が広がるのではないかと思い、この研究科の企画に応募しようと考えました。ただ、パネリストは学外の方に依頼する必要がありました。それで瀧田先生にも相談してパネリストを集め、審査を通過して、このワークショップが実現しました。

瀧田　わたし自身は西洋哲学が専門で、西島さんが学部生時代、わたしの哲学講義に出ていた時からの付き合いなのですが、このテーマであれば、外国語の研究や教育に携わっている人がふさわしいと思いました。またワークショップの趣旨も、若手が主体で、ということでした。そこで、当時わたしが非常勤講師として出講していた先で親しくなった講師仲間で、社会言語学がご専門の羽成さんに声をかけたところ、承諾していただくことができました。また羽成さんから、米文学がご専門で同世代の瀬上さんを紹介していただき、承諾をいただくことができました。そして西島さんの発案で、コメンテーターには機械翻訳研究の最先端でご活躍の隅田先生をお招きしました。

西島　はい。ただぼくの報告では哲学的な問題提起をしたかったので、瀧田先生にもコメンテーターをお願いしました。

瀧田 寧

西島 佑

瀧田　西島さんの当日の報告が「機械翻訳と未来社会について、現状から考えるための哲学的試案」というタイトルでした。そこでわたしは、特に「哲学的」の意味について、ほぼ一問一答の対話形式で結構細かい突っ込みを入れさせてもらいましたが（笑）、そのやりとりも含めて当日のワークショップはフロアーの方々から高く評価していただきました（注2）。またその後も勉強会を続ける中で議論が深まり、まず全員の論文が*AGLOS*に掲載されたら（注3）、次はこのワークショップの成果を本にすることも考えよう、という流れになったのですよね。

西島　はい。たしかに人工知能・機械翻訳分野の書籍は二〇一五年ごろから増えているのですが、それらは、「技術的特異点」がどうだとか、「これから凄く便利になる」だとか、あとは人工知能をテーマにしながら全然違うことを話す内容のものが目立ちます。これに対して本書は、機械翻訳が普及した「未来社会」において現実に起こりうる問題を文系の視点、とくに文学、言語学、哲学といった視点からとりあげているところに独自性があると考えています。

瀧田　ところで、ワークショップのときとこの本とでは、タイトルを少し変えました。あのワークショップでは、主題を「言語の壁がなくなったら」としていたのですが、そもそも「言語の壁がなくなる」という発想に、わたしは違和感を抱いていました。それで、当日の三人の報告を聞くと、「言語の壁」が低くなることはあってもなくなることはないだろう、という思いがいっそう強くなりました。そのことは、当日も最後の方でコメントしました。ただ、機械翻訳が今後高度化し、未来社会においてますます大きな役割を果たすであろうことは、当日の隅田先生のお話から強く感じたのです。そこで本のタイトルでは、機械翻訳が普及した「未来社会」の方に重点を置く方がよいのではないかと思い、ワークショップのときには副題であった「機械翻訳と未来社会」を主題に持っていくことを提案しました。ただ、それでも副題に「言語の壁はなくなるのか」という問題提起を置くことにしたのですよね。

西島　そうです。ぼくがワークショップを企画した当時は、まだ機械翻訳の話題がそこまで注目されていませんでした。そのため、機械翻訳そのもののインパクトを強調したいという意識のほうが勝っていました。ただ、その後一～二年ほどでマスメディア等でも人工知能や機械翻訳が頻繁にとりあげられるようになりました。そこでみなさんと相談して、ここでは機械翻訳が切り開く可能性にとどまらず、機械翻訳に潜む問題点をも探っていくという姿勢を明示することにしました。その結果、「言語の壁はなくなるのか」という問題提起を副題に置くことに決まりました。

二　論文執筆者の専門紹介

瀧田　では、論文を執筆した方々のご専門に話を移していきましょう。まず、羽成さんからご自身のご専門についてお話しいただけますか。

羽成　わたしの専門の社会言語学は、社会と言語の関わりを研究する分野なのですが、カバーする範囲がとても広いのが特徴ともいわれます。ただ、その中で特にポライトネス理論を中心に研究しています。言葉のやり取りを実際に観察して分析・考察するので語用論という分野とも関わりが深い研究ですね。ポライトネス理論の研究をかなり端的に説明すれば、「円滑な、あるいは協調的なコミュニケーションをするためにわたしたちがとっている言語行動」の研究であると言えるかと思います。

瀧田　そうすると本書では、言葉のやり取りをする場面での機械翻訳を考えてみる、ということになりますかね。あとでまた伺いますね。では次に、瀬上さん。先ほど米文学がご専門と紹介しましたが、もう少し細かく教えていただけますか。

瀬上　専門は十九世紀アメリカ文学です。今回の論文では、文学とも密接な関係のあるトランスレーション・スタディーズに注目して、その観点から機械翻訳を分析し、人間の翻訳の可能性を探ってみました。

瀧田　機械翻訳と対比しながら人間の翻訳の意義を考えるということでしょうか。こちらもあとでまた伺いますね。最後に西島さん。西島さんの場合、政治学、哲学、言語学など、学問的関心が広いのですよね。

西島　大学院ではこれまで、政治哲学、社会言語学、ナショナリズム論、サブカルチャー論などの研究を行ってきました。今回は特に、政治哲学の視点から機械翻訳と英語一極状態との関係を考えています。「機械翻訳によって英語の一極状況が変わる」と漠然と考えている人に対して、「いや、思っているとおりにはいかないかもしれない」と再考を迫る内容です。

瀧田　それは、機械翻訳が使えれば、現在「世界の共通語」の地位を占めている英語を学ばなくても済むようになる、という考えに対して、「いや、それでも英語は必要だよ」という話なのでしょうか。

西島　いえ、「英語が必要だよ」といいたかったわけではありません。たしかに現在では、グローバル化を理由に多くの人が英語を学ばなければならないとされていますが、これから機械翻訳が高度化すれば、英語を学ぶ必要に迫られる人は少なくなるかもしれません。ただ、仮にそうして英語を学ぶ人口が減ったとしても、機械翻訳に潜む根本問題が変わらなければ、英語が支配するグローバル社会という現状は変わらないことが予想されます。

瀧田　機械翻訳に潜む根本問題とは？

西島　機械翻訳の内部には英語が隠れて存在し続ける、ということです。

瀧田　そうすると、機械翻訳に乗っかっている限り、実は英語の発想の範囲内でしか物事を表現できない、ということですか。

西島　そういうことが生じますね。

瀧田　なるほど。またあとで少し伺います。

三　各自の論文について

瀧田　さて、ここで本書のちょっと変わった構成について、説明しておきましょう。本書は論文集という形をとっていますが、ただ論文を並べるだけでは単調になってしまうので、各章は、論文、それに対する識者のコメント、そのコメントに応答する補論、という三点で構成されています。各自の論文は、それぞれ査読を通過して*AGLOS*に掲載されたものですが、(注4)それらを本書に収載するにあたっては、新たに専門の近い識者の方々からコメントをいただき、執筆者がそれに応答する、という形をとることにしました。わたしがこの形を提案したのは、先ほども触れたように、ワークショップの当日は発表者とコメンテーターの一対一でのやりとりがフロアーの方々から好評だった、と聞いたからです。それはおそらく、発表を聞くだけでは判然としなかったことが、やりとりを通してクリアになり、実際に発言の機会は回ってこなくても、自分の頭の中での対話が活発になって刺激的だった、ということだろうと思うのです。書物の場合、当日のライブ感を再現することは難しいですが、そもそも本を読むという行為は、執筆者と読者との対話のようなものですから、そこにコメンテーターが加わることで、読者の頭の中での対話をより活発にすることはできるのではないか、と考えた次第です。それでは、次に執筆者の皆さんに自分の論文の概略と、それに対する識者のコメントについてお話しいただきましょう。今度は、瀬上さんからお願いします。

瀬上　論文では、まず自然言語処理における今後の機械翻訳の展望を確認しました。「機械翻訳が完成すれば、外国語を学ぶ必要がなくなる」という一般的な楽観論に反して、自然言語処理の分野では、技術的な理由により完璧な機械翻訳の完成は期待されていません。そこで、人間の翻訳者に今後期待される翻訳行為の在り方をトランスレーション・スタディーズで研究されている様々な翻訳行為の実例を参照しつつ、人間の翻訳の可

瀬上和典

能性を掘り下げてみました。

瀧田　コメンテーターの方からは、どのようなご意見をいただきましたか。

瀬上　コメンテーターの鈴木先生は、トランスレーション・スタディーズの主たる研究目的を整理したうえで「機械翻訳による人間翻訳の淘汰」についての論文の主旨を補強してくださりました。特に、アダプテーションの理論から見た場合、機械翻訳を一種の「創造翻訳」として認められるかもしれないと指摘してくださっているのですが、この点を掘り下げてみるとトランスレーション・スタディーズの裾野を広げることもできるのではないかと思います。

そして、二点の課題をいただきました。一点目は、具体的な機械翻訳の例を提示して、人文知の観点から考察すること。そして、もう一点は機械翻訳と人間翻訳のコラボレーションが進んだ先の倫理の問題です。エマニュエル・レヴィナスやアントワーヌ・ベルマンを参照しながら、翻訳とは排他的なナルシシズムに対する挑戦であり、異文化理解・他者理解に直結する重要な営みであると指摘してくださっています。そこで、論文で提示したように、今後はますます人間翻訳が機械翻訳とのハイブリッドとなっていったときに、異文化理解や他者理解や倫理の問題がどのように変化するのかを考察してほしいという課題を提示していただきました。

瀧田　二点目は、かなり大きなテーマですね。でも、まさにそこが、本書のタイトルにある「未来社会」に関わってくるのですね。

瀬上　たしかに国際的なイベントは機械翻訳の普及を加速度的に促進するでしょうから、今のうちから機械翻訳を前提とした異文化理解における問題を理論化し、開発者だけでなく利用者にも啓発していくことは大切なことだと思います。

瀧田　ご指摘の中に「倫理」という言葉が出てきましたが、わたしなどは「倫理」と聞くとどうしてもさかのぼって、まずソクラテスを思い浮かべます（笑）。先ほども言ったように、わたしは、言葉の壁が低くなることはあってもなくなることはないだろう、と思うのです。今の瀬上さんの表現で言えば、「異文化」に対して感じている壁も、機械翻訳と人間翻訳のコラボレーションが進めば、たしかに低くなることはあるだろうと思うのですが、その状態で相手の文化を「理解できた」と思い込んでしまうと、それ以上そこから何かを学ぼうという気が起きなくなってしまうのではないか、と感じています。そうならないために、「本当のところは、よく知らない」という無知の自覚のような態度をもつことは、異文化への壁が低くなっても求められるのではないか、と思います。では次に、西島さんのご論文の趣旨を紹介していただけますか。

西島　先ほどもいいましたが、機械翻訳は、英語という言語の一極支配を終わらせると考える人々に再考を迫るものです。たしかに機械翻訳は、英語の学習をする必要がなくなるという意味で、英語の優位性を終わらせるのかもしれない。しかし、機械翻訳のしくみをみていくと、舞台裏ではしっかりと英語が中心的な役割をはたしているのではないかという内容です。

瀧田　コメンテーターの方のご意見はいかがでしたか。

西島　コメンテーターの塚原先生には、英語のような特定の言語だけを〈学ぶ価値のある言語〉とすることに人々が自発的に同意するような状況を形成する権力のあり様が終わるのか、という質問をいただいております。ぼくなりにいいかえると、「英語以外にもいろいろな言語があるが、現代では真っ先に英語をはじめとした特定の言語だけを自らがすすんで学ぼうとする状況がある。このような状況が機械翻訳によって終わるのか」という問いと解釈しております。

ぼくの応答は、基本的には「終わらない」です。ただし、以前までは、そういう状況はたとえば国家のような権力機構の意図によってつくられていると述べることができましたが、機械翻訳の登場は、だれがそうした状況をつくろうとしているのかを不明確にすると考えられます。

瀧田　このやりとりは、西島論文のタイトルにある「言語帝国主義」の定義をめぐるものですね。今、それを西島さん流にかみ砕いて説明していただきましたが、これ以上突っ込むと話が長くなりそうなので（笑）、詳しくは本論を読んでいただくことにしましょう。それでは最後に羽成さん、まずご論文のタイトルにある「ポライトネス」という言葉に、あまりなじみがなかったのですが、先ほどのお話では「協調的なコミュニケーション」のための「言語行動」ということでしたね。

羽成　そうですね。ポライトネスというのは要するに、対立や衝突を回避することはもちろん、相手を不快にさせずに自分がしたいコミュニケーションを取るための言語行動、と言えるかと思います。

瀧田　具体的にどういう言語行動がポライトネスにあたることになりますか。

羽成　そうですね。例えばわたしが、誰かに飲み物をとってほしいとします。その際に、「飲み物をとれ！」とその誰かに言ったと考えてみてください。その人が普通の感覚の方であれば、不快な思いをするし嫌がりますよね（笑）。それを避けるために「飲み物をとってくれる？」とか「飲み物をとってくれますか？」とか、場合によっては「ちょっとのど乾いちゃったな」といったような遠回しな伝え方をすることもあると思います。つまり、同じ内容を伝えるためにわたしたちは様々に異なった伝え方をするわけです。わたしたちが様々な伝え方を用いてコミュニケーションを取る理由は色々とあると思われますが、基本的にはある伝え方を選択した動機が、相手を不快にさせないためやコミュニケーションを円滑に進めるためである場合、その言語行動をポライトネスと考えていいと思います。ポライトネス研究の主な内容としては、そのような言語行動自体の観察と記述、話し手によるそのような言語行動に対する聞き手の評価と反応の観察と記述、及びポライトネスに該当する言語行動の動機をより明確にすることなどが含まれると思いますね。

瀧田　では、ご論文の趣旨を説明していただけますか。

羽成　この論文の主張を要約すれば、「これから日常生活で利用される機会がますます増えていくと予想される機械翻訳には、日常生活のコミュニケーションにおいて不可欠な要素であると思われるポライトネスが適切に反映されているべきである」ということになります。ただ本論でも触れているのですが、実はポライトネス研究自体がまだまだ議論の多い研究分野です。そのため、まず現在までのポライトネス研究を概観して整理しました。その上で機械翻訳に反映させるべきポライトネスの定義を確認しました。そして、そのようなポライトネスを機械翻訳に反映させるために必要であると思われる手法を、機械翻訳の精度を向上させるための仕組み等も考慮して、考察しました。

羽成拓史

瀧田　コメンテーターの方からはどのようなご意見をいただきましたか。

羽成　コメンテーターの生田先生からは、今後日常生活にますます普及していくと思われる機械翻訳にポライトネスが不可欠な要素であることは間違いないとのご意見を頂きました。ポライトネスの研究は分析対象とする言語単位の大きさによって分類することが可能なのですが、その中で最も大きな単位である談話レベルの言語分析に基づいて記述されるポライトネスこそが機械翻訳に反映させるべきものであること、またその方法を考察することが非常に重要であることについても強く同意していただけました。

課題としては主に三点ご指摘いただきました。一点目は、談話レベルの対訳データの具体例が提示できていない点です。二点目は音声言語の機械翻訳であればプロソディ（prosody：発話の高さ、速さ、強さなどのパラ言語と、アクセント、リズム、イントネーション、ポーズなどの音声の韻律的特徴をまとめたもの）による影響も考慮すべきである、ということでした。最後に三点目として、より包括的にポライトネスを機械翻訳に反映させるためにはポライトネス研究の分野において近年関心が高まりつつあるインポライトネス（impoliteness：円滑な人間関係の確立と維持のために機能しない言語行動等）という要素についても考慮すべきであるということです。これらの課題は主に対面コミュニケーションを含む談話レベルのポライトネスを機械翻訳に反映させる際に浮かび上がってくるものと言えるかと思うのですが、現在の機械翻訳においては、ヨーロッパ系の言語にはあって英語にはないT／Vディスティンクション(注5)を英語からそれらの言語への翻訳に適切に反映させる手法等が二〇一六年に出た論文で議論されています。これはポライトネス研究ではかなり初期段階で議論されていた内容です。つまり、初期段階で提起された問題がいまだに解決されていないのです。この事実からも分かるように機械翻訳にポライトネスを適切に反映させる試みはまだ始まったばかりであり、実現に向けての作業は膨大であると言えます。ただ時間とコストを十分にかけていけば将来的には十分実現可能であると思います。今回の論文の後半部分ではその手法を現在の機械翻訳技術に基づいて考察してみました。

瀧田　先ほど羽成さんがポライトネスの説明でおっしゃっていた「相手を不快にさせない」とか「コミュニケーションを円滑に進める」とかいう役割は、結局そのたびごとのコミュニケーションの中で相手を「思う」ことなので、そこまで機械に任せるのはどうしても抵抗感があるのですが、といって相手の文化のことを知らない状態でこちらの価値観だけで思いを形にすれば、かえって混乱するでしょうから、ポライトネスを反映させた機械翻訳を、異文化間のやりとりをスムーズに進める「きっかけ」として使えるようになるとよいのでしょうね。以上、論文紹介でした。皆さん、ありがとうございました。それではこのあたりで、座談の「誘い」編を締めたいと思います。ただ、本論のあとにも、執筆者たちの座談は続きます。もしよろしければ、そちらの方も覗いてみて下さい。

【注】

（1）以下を参照 http://www.st.sophia.ac.jp/chardin/ http://www.st.sophia.ac.jp/chardin/

（2）ワークショップの様子は、以下の報告書を参照：http://dept.sophia.ac.jp/g/gs/wp-content/uploads/2017/02/c63f701dbc7ffbdcbc16800db8c0a526.pdf

（3）ワークショップで報告した三名の論文は、上智大学大学院グローバル・スタディーズ研究科のジャーナル *AGLOS Special Edition 2016*《言語の壁がなくなったら：機械翻訳と未来社会》（二〇一八年刊）に掲載されている。http://dept.sophia.ac.jp/g/gs/study_resource/aglos_cat/

（4）ただし、本書に収録するにあたっては、各論文に加筆・修正を施している。

（5）T／Vディスティンクションとは、相手との関係性に応じて二人称として敬称（T）と親称（V）を使い分けることを指す。詳しくは羽成論文の参考文献に掲げたBrown and Gilman（1960）The Pronouns of Power and Solidarity を参照されたい。

＊コラム

機械翻訳はここまで可能になった

隅田英一郎

一　グローバリゼーションは言葉の壁を現前化した

　多くの日本人にとって、英語は試験のために勉強するものであり、それ以上でもそれ以下でもなかった。言葉の壁はふだん意識にのぼることもなかった。

　一方、グローバリゼーションは着実にすすんできていた。個々の日本人が海外を旅行する機会は必ずしも多くはないが、外国人の観光客は年間一〇〇〇万人から瞬く間に三〇〇〇万人になった。政府は二〇二〇年には四〇〇〇万人を目指すという。観光だけでない。アジア諸国を中心に技能実習生や留学生という形で長期間日本に滞在する外国人が増えた。都会では、コンビニに外国人の店員が目立つようになって久しい。農業や漁業が主産業である地方にも外国人が多数滞在している。国に仕送りをするために郵便局の窓口を訪れた農業に従事するベトナム人と郵便局員の日本人とが言葉の壁に困惑する時代になった。

　もはや、多言語の壁である。英語以外の通訳者や翻訳者の数は少ないし、語学は長期間の地道な勉強が必要なので、この焦眉の課題にはとても間に合わない。

二　規則による機械翻訳からはじまった

　英語と日本語の対では、残念ながら、機械翻訳は広くは普及しなかった。英語と日本語の対は人間にも翻訳が難しい言語対であるから、機械にとっては尚更難しく、使えるレベルの翻訳精度に至らなかったのが主な原因だ。世界の機械翻訳研究の対象言語は、英語とロシア語、英語とベトナム語、英語と中国語、英語とアラビア語、英語とフランス語など様々であったが、その中で、英語と日本語の対が一番難しい。何故なら、文法の観点でも、語彙の観点でもほとんど共通性が無いから、他の共通性のある言語対より相互変換が難しいのである。

機械翻訳の歴史を振り返ると、一九五四年に人類初の翻訳実験が行われた。このシステムは、当時最先端の計算機であったIBM701（2KHzの演算装置と9KBの記憶装置）に、二五〇単語の対訳辞書と六個の（原言語側の単語・語順を参照して、目的言語側の単語・語順を制御する）変換規則とからなる翻訳システムであった。規則に基づく機械翻訳と呼ばれるもので、世界中で様々な工夫が加えられ商用化された。

ところが、この方式は構築のコストが莫大なので、多言語の翻訳には向かない。規則数増大が避けがたく、その結果、改良が困難になる等の様々な問題があった。翻訳精度はあまり高いとは言えず広く使われることはなかった。期待をもって大規模な投資をした各企業は機械翻訳をお荷物扱いし開発予算も絞り、機械翻訳は冬の時代に突入した。

三　翻訳データ活用に一八〇度方向転換した

一九八一年に規則に基づく機械翻訳の限界に関する反省に基づいて、翻訳データ（原文と訳文の対を集めたもの）に着目し、そこから翻訳知識を学習するアイデアが提唱され、少し時間がかかったが一九九〇年頃に同提案の有効性が実験で示された。

言語データの基づく手法で音声認識の高精度化が実現できたこと、データに基づく手法でコンピュータ・プログラムがチェス名人を破ったこと、等のビッグ・データの利用の成功が続き、ハードウエアの処理速度や記憶容量が格段に進歩したという環境の中で、機械翻訳の研究において、翻訳データというビッグ・データから翻訳システムを構築する技術が主流となり、多言語化でも大きく前進した。しかしながら、日本語と英語の翻訳の場合は一筋縄では行かず、精度の改善も天井が見えてきた。日本語の機械翻訳の冬は終わらなかった。

四　AIの深層学習で翻訳精度が急上昇した

ビッグ・データに基づく機械

翻訳にＡＩ躍進の要諦である深層学習を導入したところ、天井かと思われていた翻訳精度を軽やかに越え、英語能力検定のＴＯＥＩＣスコア換算では九〇〇点に到達し、機械翻訳は既に大半の日本人より高い英語能力を有するようになった。

ＡＩによる機械翻訳は翻訳データ（過去の原文と訳文の対）とアルゴリズム（深層学習）とで実装されている。①翻訳データについては、「翻訳データは量が多ければ多いほど翻訳精度が上がる」ことが多数の実験によって確かめられていて、機械翻訳システムの開発組織間の熾烈な競争下あり、翻訳データの蓄積はドンドン進んでいる。②アルゴリズムについては、研究者が競って新たなアイデアを論文で発表し同時にプログラムを公開するので、世界中にパッと広がり、進歩の限界はまだ見えていない。

まるで「桜」の休眠打破のように、日本語の機械翻訳は、花芽のまま長い厳しい冬を経験し今まさに春が来て満開になろうとしている。例えば、貿易の基本である英文ビジネスレター作成や高精度が必須である特許翻訳作業を大きく効率化し、結果として残業時間削減や有休休暇消化率の改善等、関係者の働き方を改革しつつある。また、論文・特許の多言語検索サービス、技術情報配信・電子商取引・各種予約の多言語化、インバウンド向け音声翻訳のアプリや専用端末等の多数の活用事例が出ている。

五　機械翻訳は新たなステージへ立った

機械翻訳は冬を越えて、我が世の春を謳歌するに至った。人々の役に立っているので、冬に逆戻りすることはないであろう。

文脈を利用できていない、音声を越えたマルチモーダルな情報を活用できていない、同時通訳が出来ない等、課題は多々ある。むしろ、これらの課題を追求するに足る高みに機械翻訳技術は到達したと認識するべきだろう。

序章　機械翻訳をめぐる議論の歴史

西島　佑

はじめに

「機械翻訳」というテーマは、これまで理系の研究者の視点から論じられることが多かったが、本書はこのテーマを主に文系の視点から考察しようとして編まれたものである。したがって、本章で機械翻訳の歴史を取り上げるにあたっても、従来とは異なる視点を交えて論じることにしたい。すなわち、機械翻訳の技術史と並行して、機械翻訳をめぐる哲学的な議論の歴史にも触れてみたい。もちろんそれは、筆者がこれまで捉えることができた範囲での「歴史」にすぎないが、すくなくとも本書を読み進めるうえでの助けとなることを本章では目指すこととする。なお、章末には年表を用意しているので、適宜参照していただきたい。

本題へ入る前に、本章における機械翻訳の定義を述べておこう。本章では機械翻訳を、「コンピュータのような知的機構を利用した自動翻訳」と定義する。(注1) ここでいう「コンピュータのような知的機構」とは、人工知能のことである。人工知能は、数学的につくられている。数学には、論理・統計・確率という三つの手法がある。機械翻訳もこの三つの手法でつくられている。だが機械翻訳をつくるための手法は、「論理」を重視する立場と、「統計・確率」を重んじる立場でわかれることが多い。便宜的に前者を「論理主義」、後者を「統計・確率主義」とよぶこととしよう。本章では、この二つの概念整理から論じていくこととしたい。最初の機械翻訳は、現代からみると「論理主義」といえる立場からでてきているので、まずはここからはじめることにしよう。

一　論理主義と第一次AIブーム

機械翻訳の歴史のはじまり、あるいは前史は二つある。一つは、一九三三年にフランスのエンジニアであるジョルジュ・アーツルニが提唱した「機械的脳」(cerveau mécanique) というアイデアだ。ただし、これは紙テープをつかった機械的な辞書のことであり、「機械翻訳」とはよべないかもしれない。文法まで含めたより包括的なものは、同じく一九三三年にソ連のトロヤンスキーによって考案されていた(両者についてはHutchins 2004)。アーツルニやトロヤンスキーの議論は、一九五〇年代まで知られることはなかったという(Ibid. 16)。アーツルニやトロヤンスキーの議論は、日本語空間だと言及されることはないが、機械翻訳の前史として位置づけられることがある。(注2) しかし、この二人の発想が、現代の機械翻訳の直接的な起源というわけではない。

現代に直接繋がる機械翻訳の父とされるのは、アメリカの数学者ウォーレン・ウィーバーである。彼は一九四七年に私的な手紙のなかで後の機械翻訳につながるアイデアを提唱し、ロックフェラー財団に所属していた当時の同僚らと議論を積み重ね、四九年にその成果を「翻訳」（Translation）というタイトルのエッセー（Weaver 1949）にまとめ、五五年に共著本（Locke and Booth eds. 1955）として公刊している。この共著本のタイトルが『諸言語の機械翻訳：一四のエッセー』（*Machine Translation of Languages: fourteen essays*）であり、「機械翻訳」（machine translation, MT）という言葉がつかわれている。

第二次世界大戦が終わって間もない時期にまとめられたウィーバーの同エッセーでは、戦争などの人類の「深刻な問題」の根底にコミュニケーションの問題があると指摘されている。それはつまり、人類規模の問題を解決するには異言語使用者間のコミュニケーションが必要なのだが、翻訳が困難である、という問題提起だ。そこで機械翻訳は、この問題への対応策として提唱されている。加えて、同エッセーでは、言語を論理的に処理するアイデアが述べられており、また後のチョムスキーの普遍文法のような、さまざまな言語の文法構造よりも深層にある「普遍言語」のようなものの存在可能性も指摘されている（Weaver 1949, 20）。言語は論理的であり、論理的処理によって機械翻訳をつくることができると考えるこうした立場・手法を「論理主義」とよぶこととしよう。一九五四年には、ジョージタウン大学の研究グループとＩＢＭ社が共同で英語とロシア語をはじめとした複数の言語を自動翻訳するシステムを発表しているが（本書の隅田コラムも参照）、これも論理主義の手法によるものであった。こうした人工知能のしくみをもった機械翻訳の登場は、当時衝撃をもって受けとめられ、後に「第一次ＡＩブーム」の一端を担うことになる。

論理主義、専門用語では、後に「ルールベース」、「エキスパートシステム」[注3]とよばれる発想の二〇世紀における思想的な起源としては、フレーゲやラッセル、ホワイトヘッドといった論理学を重視する言語哲学者があげられる（McCorduck 1979, 41-50；日本語訳四一－五〇）。彼らのような言語の論理性を重視する思想の潮流に乗って、アルゴリズム――それも論理・推論によって設計されている――によって諸言語を自動的に翻訳するという発想が生まれるのは「自然」なことといえる。第一次ＡＩブーム、及び次節で述べる第二次ＡＩブーム時の機械翻訳とは、こうした論理によって人工知能に言語を処理させせようとする立場・手法であった。

二　第二次ＡＩブーム――一九七〇年代から八〇年代前半

一九五六年に、人工知能を学問として確立することをめざすダートマス会議[注4]が開催された。この会議で「人工知能」（Artificial Intelligence）という語がはじめてつかわれたのである（McCorduck 1979, ch.5：日本語訳五章）。当時の人工知能研究の見通しは楽観的で、たとえば後にノーベル経済学賞をとったハーバード・サイモンは、二〇年後に人間ができることは機械でできるようになると述べていた。だが、第一次ＡＩブームは、その後目立つような成果をあげることはなく、研究費も削減され、冬の時代をむかえることになる（小林二〇一五、八七－九）。機械翻訳研究も遅々として進まない状況であったとされている（渡辺他二〇一四、二）。

この停滞ムードを変えたのは、「エキスパートシステム」（expert system）である。エキスパートシステムも論理主義の発想からつくられている。このシステムは、一九六五年にスタンフォード大学のファイゲンバウムらのチームによってはじめられ（Feigenbaum and Buchanan 1993, 234）、七〇年代を通して改良され続けた。(注5) そして八〇年代に入ると、エキスパートシステムのＡＩ研究が活況を呈し、それが第二次ＡＩブームとよばれた。エキスパートシステムとは、専門家（エキスパート）の知的能力を模倣しようという目的のもとに設計されたしくみのことだ。ルールに基づいて構築されるため、「ルールベース」（rule base）ともよばれる。この時代の機械翻訳は、文法的なルールをあらかじめ設計しておき、それを辞書的な単語の翻訳と組み合わせることでつくられていた。たとえていうと、人間が第二言語を習得するときのように、人工知能に文法的なルールを教えて、対訳の単語をたくさん記憶させれば、専門家のような翻訳がＡＩにも可能なのではないかというものである。

エキスパートシステムの登場により快調に発展しているようにみえた人工知能研究であったが、実は同時期に文系の立場から人工知能そのものに対する批判がでていた。次は第二次ＡＩブームへの批判をみてみよう。

三　第二次AIブームへの批判

第二次ＡＩブームへの批判者として著名なのは、ヒューバート・ドレイファスとジョン・サールだろう。ドレイファスは、アメリカ出身の哲学者としては多数派とはいいがたいヨーロッパ思想（現象学やハイデッガー哲学）の専門家である。彼の人工知能批判は、第二次ＡＩブーム以前からはじまっている（Dreyfus 1965）。一九七二年には、人工知能批判の分野における彼の主著ともよべる『コンピュータには何ができないか―哲学的人工知能批判』（Dreyfus 1972）を公刊した。同書は、後の第二次ＡＩブームを先回りして批判する形となっている。ドレイファスは、その後も継続的に議論を続けている（Dreyfus with Stuart Dreyfus 1986）。

ドレイファスは、ハイデッガーの「世界内存在」という概念から人工知能を批判する。世界内存在などといった言葉をもちだすと、ややこしくきこえるが、決してむずかしい話ではない。たとえば「仕事にでかける」という例で考えてみよう。「仕事にでかける」ためには、まず外にでていかなければならない。そのために自宅の玄関のドアを開ける。次に、自宅前の道路から、最短の時間で当日の任務を遂行するための現場に向かう。そこで、どのバス停から、どの駅に行くバスに乗るかを考え、そのバス停がある方向へと歩きだす。バスに乗り、駅に着いたら、ホームに行き先が同じ電車が並んでいる。ここでは、最短の時間で現場に到着するために各駅停車ではなく急行で行こう、と考えるだろう。目的の駅で下車したら、そこから現場までは近道となるあれやこれやの道を歩く。このとき自分は、外にでるための玄関のドア、バス停に向かうための自宅前の道路、駅に向かうためのバス、最短時間で現場に到着するための急行電車や近道、そしてその日の自分の仕事場、という具体的な目の前にある世界にそれぞれ意味を見いだしながら、それらとかかわっている。このように人間とは、かならず世界の内にある具体的な事物とかかわりながら存在している。換言すれば、世界の内にある個別的な文脈とともに存在している。だが人工知能はそうではない。

第二次ＡＩブーム期の人工知能は、あらかじめ人間のプログラミングに沿って作動するため、自身と世界との関係性を考えることはない。ＡＩは、自己と世界とのかかわりを考えることなく、自己だけで独立的に存在しているかのようにしか作動しない。なお本書掲載の羽成論文（一章）もポライトネスという観点から似たような指摘を行い、文脈の選択は人間が行うことを提案している。羽成は明言していないが、ポライトネスのような文脈によって決められることを人工知能が判断できるようになるとは考えにくいのである。こうした議論は、ドレイファスのような批判と通底する。

サールの議論も重要である。サールもアメリカ・コロラド州出身の哲学者で、オースティンの影響をうけた言語行為論の創始者の一人である。「強いＡＩ（strong AI）・弱いＡＩ（weak AI）」という言葉をつくったのは彼であり、「中国語の部屋」とよばれる思考実験もよく知られている（ともにSearle 1980）。「強いＡＩ」とは人間のように考える人工知能であり、「弱いＡＩ」とは狭い分野であらかじめ設計された処理を行う人工知能を指す。この定義だと、ソフトウェアは基本的に弱いＡＩとなる。サールは、ダートマス会議に参加したメンバーらの議論を念頭に置きつつ、エキスパートシステムのようなアルゴリズムに従う人工知能を弱いＡＩであるとし、人間と同じように考える強いＡＩの実現性を疑っている。

サールが述べる「中国語の部屋」という思考実験は、機械翻訳とも関連のある話なので、少し詳しく紹介しよう（以下、Ibid., 1-2; 日本語訳三四 - 五、ただし、サールの議論は複雑なので、以下は西島が少し改変した）。まず英語を第一言語とするある人物が、部屋に閉じ込められているとする。その人物は、部屋の外から送られてくる手紙を英語に翻訳して外部に送り出す仕事を担っている。ここで、その部屋に中国語で書かれた手紙が送られてきたとしよう。その人物は、中国語をまったく理解できない。だが、その部屋には中国語を英語に変換するにはどのようにすればよいのかがわかるマニュアルが整備されており、そのマニュアルに従えば、その人物は中国語を英語に翻訳できる。そして、その人物は、マニュアルに従って中国語の手紙を翻訳し、その手紙を無事送り出すことができたとしよう。

この部屋は、もちろん機械翻訳の比喩である。ここでの疑問は、部屋の外からみると、たしかに翻訳が順当に行われているようにみえるのだが、部屋のなかの人物は、はたして中国語を理解しているといえるのだろうか、というものである。当然そうとはいいがたい。なぜなら部屋のなかの人物は、マニュアルに従って中国語を英語に変換しているにすぎないからだ。サールの言い方だと、人工知能は統語論的には中国語を理解していても、意味論的には理解していない。ここから人工知能・機械翻訳は、人間の知的能力と同じような強いＡＩではなく、アルゴリズム（この場合はマニュアル）に従うだけの弱いＡＩということになる。

ドレイファスやサールの批判は、一九八〇年代までの人工知能・機械翻訳に対してであり、現代の機械翻訳を考察するために、そのまま受けいれるのは乱暴だろう。だが、こうした議論は、つまるところ、どのようなものであれば人間は機械翻訳を高度といえるのかについての考察なので、時代を超えた問いということもできる。現代でも、ある機械翻訳が「高度」といえるのかどうかを考える上で、彼らの議論が示唆的であることに変わりはないだろう。

四　人工知能研究者らの問題意識

果敢に批判を展開したドレイファスやサールであったが、人工知能・機械翻訳の研究者らに受けいれられたとはいいがたい。(注6)だが、人工知能研究者らも、ＡＩの問題に無自覚であったわけではなく、独自の概念でそれを認識するようになる。それが一九六八年にマッカーシーのような人工知能研究者が提唱していた「フレーム問題」（frame problem）である（McCarthy 1968; McCarthy & Hayes 1969）。フレーム問題とは、人工知能は、あらかじめ設計されたプログラム内での処理しかできず、例外事項に対応できないことを指摘する問題提起のことだ。機械翻訳の場合、たとえば文法的なルールを設計し、そのルール内での翻訳はできる。だが、文法には無数の例外事項があり、エキスパートシステムの機械翻訳を使うとすぐにわかるように、なかなか上手い具合に翻訳はされない。文法の例外事項を人間が逐一プログラミングしていけば、理論的には完璧な機械翻訳ができるのかもしれないが、そのような膨大な作業を行っていくのは現実的ではない。こうした点は、ドレイファスやサールの批判とも通じる問題といえるだろう。八〇年代に活況を呈した第二次ＡＩブームには巨額の国家予算がつけられたが、同年代末にはこのフレーム問題によって終焉した（小林二〇一五、九〇－一二）。

第二次ＡＩブームの問題点を総括する上でもっともふさわしいのは、ウィノグラードらの『コンピュータと認知を理解する』（Winograd and Flores 1986）だろう。人工知能の研究者が執筆した書籍としてはめずらしく、同書はハイデッガーやガダマー、オースティン、メルロ＝ポンティなどの哲学的な成果に基づいて人工知能批判が行われている。もともと、ミンスキーの指導で人工知能を学んだウィノグラードは、一九六〇年代に当該分野でめざましい成果をあげていた。だが、ドレイファスやサールによる批判、フレーム問題の指摘を真剣に引き受けた後に、自身の意見を「人工知能が言語を理解することはない」と変更したのである（西垣二〇一八、二六）。同書も、現代の第三次ＡＩブームを考える上で示唆的だ。

フレーム問題は、現代の機械翻訳にとって最大の課題となっている。だが、どのような解決策があるのか、一向に見当もつかないまま三回目のＡＩブームがくることになる。今度のブームは、これまでの論理主義とは異なり、統計・確率の手法によるものであった。次は、論理主義とは考え方が異なるこの統計・確率を重視する立場について述べよう。

五　統計・確率主義

一九九〇年以降の機械翻訳は、数学における「論理」を重視する方針ではなく、「統計・確率」に軸足を置くパラダイムとなっている。このような手法によってつくられた機械翻訳は、「統計機械翻訳」（statistical machine translation, SMT）とよばれている。本章では便宜的に、言語は統計的に処理することができるとする立場、及びそうした立場に基づく手法を「統計・確率主義」ということにしよう。

機械翻訳を統計・確率から構築するアイデアを直接的に述べたのは、長尾らの研究（Nagao 1984; Nagao et al. 1985）とされている（中村 二〇一六、一二四〇）。ただし、アイデアそのものは、ウィーバーらが機械翻訳を提唱した当時からあったようである。ウィーバーが重視したアプローチは論理主義的であったが、もともと彼自身は統計や確率を専門にしていたこともあってか、統計・確率主義の萌芽的なアイデアも評価していた。ウィーバー以降も例文ベース、フレーズベース、統語論ベースの統計機械翻訳の可能性が研究者によって提唱され続けた（ウィーバーとそれ以降の展開について、詳しくは、Schwarltz 2018）。一九八八年には、ＩＢＭが単語をベースにした統計機械翻訳を提案している。

一九八〇年代にこの統計・確率主義が台頭した背景にあったのは、コンピュータの処理速度の向上である。後述するが統計・確率主義は、論理主義とは異なり、大量の言語データを解析することを必要とする。アイデアそのものは論理主義とほぼ同時代から存在したのだが、コンピュータの性能が低かったため実現することがむずかしかったのである。章末の年表をみていただければ、一九八〇年代に論理主義から統計・確率主義へと機械翻訳の構築手段が変化しつつあったことがわかるだろう。

統計・確率主義の「統計」、「確率」とは、一八世紀のトーマス・ベイズ由来の統計学である。この手法が第三次ＡＩブームを支えている。次節ではそのしくみをもう少し詳しくみていこう。

六　第三次ＡＩブーム――統計機械翻訳からニューラル機械翻訳へ

一九八〇年代に台頭した統計機械翻訳は、二〇一〇年代になると「機械学習」(machine learning)とむすびつくことになる。機械学習とは、人工知能を学習させる手法の一つであり、ＡＩに繰返し大量のデータを自動的に解析させて、統計的なパターンを発見させる（機械学習については松尾二〇一五など)。機械学習の起源は、マカロックとピッツの共同研究（McCulloch and Pitts 1943）にまでさかのぼることができる。

この共同研究では、人間の脳の働きを数学で表現できるとしている。脳には無数のニューロンがある。同研究は、個々のニューロンの動きは、ステップ関数とよばれる形式で表現できるとしている。脳の動きを数学的に表すことができるのであれば、その数学的表現をコンピュータなどの知的機構に覚えさせることで、人間のように考える人工知能も可能なのではないかというわけだ。なかでも機械学習の一種である「深層学習」(deep learning) は、現在もっとも有力視されている。

機械学習はデータの集合を解析するので統計学的である。そのため機械学習を統計機械翻訳とむすびつけるのは容易であった。機械学習とむすびついた統計機械翻訳は、「ニューラル機械翻訳」(neural machine translation, NMT) とよばれている。[(注7)] ニューラル機械翻訳は、人間が第一言語を習得するときの類推で考えると理解しやすいかもしれない。たとえば日本社会で生まれた多くの子どもの第一言語は日本語だろう。子どもは、文法や単語を逐一習うということはしない。多くは、親や周りの大人たちが使用している言語を何度も観察・経験して身につける。ニューラル機械翻訳の構築は、こうした子どもの第一言語習得のように、繰り返しデータを解析することで構築されている。

歴史的な観点からいうと、問題は、この第三次ＡＩブームの手法である統計・確率主義が、フレーム問題を克服できるのかどうかである。それを論じる前に、もう少し論理主義と統計・確率主義の違いについて明確にしておこう。

七　論理主義と統計・確率主義の違い

機械翻訳が提唱された当初、論理主義と統計・確率主義は、それほど明確にわかれていたわけではない。この二つがわかれたのは、時代をくだるにつれてである。現在では両者の違いを理解することが重要なので、ここで図式的に述べておきたい。

まず第二次ＡＩブームまでの論理主義は、論理・推論によって演繹的に言語を処理するものであった。論理に基づいて、あらかじめ人間によってつくられたルール通りに作動する。これに対して、統計・確率に基づく機械翻訳は、対訳データを繰り返し解析させることでつくられている。対訳データとは、「I like Sato わたしはサトウが好き」といったデータのことである。論理主義には言語データは必要ない。だが、統計・確率主義には大量の対訳データが不可欠となる。(注8)なお本書の西島論文（三章）で仮に高度な機械翻訳が登場しても、英語のような国際共通語がなくなることはなく、形を変えて残り続ける根拠として指摘しているのもこの対訳データの必要性という点を踏まえてのことである。

論理主義と統計・確率主義の違いは些細なものではない。たとえば論理主義は、アルゴリズムを人間が設計するので中身がどうなっているのかはわかる。だが、統計・確率主義は、データを与えれば自動的に翻訳が構築されるため、それがどのようなしくみになっているのかはわからない。(注9)こうしたしくみの不透明さについての事例を一つあげよう。

二〇一六年に、ニューラル機械翻訳へときりかえたGoogle翻訳の研究チームは、機械翻訳が「内部言語」（Interlingua）とよばれる独自の言語を構築しているのではないかという仮説を報告している（Johnson et al. 2016）。これまでのニューラル機械翻訳の常識では、たとえば日本語、中国語、英語の多言語翻訳を構築するためには、①日本語―英語、②中国語―英語、③日本語―中国語の三パターンに対応した大量の対訳データを用いて学習させる必要があった。ところが①と②だけで学習させた機械翻訳に試しに③のパターンをやらせてみたら、翻訳精度は落ちるものの、予想以上にできてしまった。それがなぜかを調べてみたら、人工知能が内部言語を構築していたからと解釈できるというのだ。しかし統計・確率主義の手法によって構築されているため、この内部言語がどのようなものなのかはわからない。本当に人工知能がそうした内部言語を構築しているのであれば、これはウィーバーが予見した普遍言語や、チョムスキーが仮説として前提していた普遍文法に相当するものといえ、大きな発見といえる。だが、統計・確率主義は、中身がブラックボックスなので、内部言語がどのようなものなのか明確なことはいえない。なにかの勘違いであったということとなのかもしれない。いずれにしても、内部がブラックボックスであるという点で、統計・確率主義は論理主義と根本的に異なっている。

これに関連して、両者の違いをもう一つあげよう。論理主義は人間がアルゴリズムを正確に設計すれば翻訳を間違うはずがないのに対して、統計・確率主義の方は、間違いながら学習していくことが前提となっている。この違いがあることによって、単純に第二次ＡＩブーム時の議論をもちだして、第三次ＡＩブームの失敗を予測するのは躊躇われる。間違えながら学習していく統計・確率主義は、いずれ「正解」といえるような解を出すかもしれないからである。

それでは第三次ＡＩブームの果てに、フレーム問題を突破することはできるのだろうか。これについては、さまざまに予測されている。たとえば、人工知能の研究者である松尾は、機械学習の先に、フレーム問題を生じさせにくい人工知能のあり様を予想している（松尾二〇一五、一三九－四一）。彼の論理はこうだ。そもそも人間もあらゆる例外事項に対応できるわけではない。つまりフレーム問題を抱えている。それでも人間に大きな問題が生じないのは、対応できる幅が人工知能よりも広いからである。機械学習の進化によって、大概の場合で人工知能がフレーム問題を生じさせないようにふるまえるようになれば、それは強いＡＩといえるのではないか。フレーム問題は、解決するのではなく、人間と同じように、大概の場合で問題を生じさせなければよいのである。

他方で、新井は批判的だ。国立情報学研究所の彼女らのチームは、「東ロボくん」と名付けられた人工知能を東京大学に入れるために試行錯誤し、ＡＩになにができて、なにができないのかを見極める研究を行っていた（新井二〇一八）。それによると人工知能を構成している数学は、本章で述べる「論理主義」でも、「統計・確率主義」でも、人間の言語を表現できないとしている。歴史的にみて、新井の見解は、ドレイファスやサール、マッカーシー、ウィノグラードらの批判を彷彿とさせる。そうであるのならば、第三次ＡＩブームは、それ以前と同じく単に失敗して終わるのだろうか。だが、彼女はそのようには言い切らないだろう。新井は、「技術的特異点」のような議論は否定するが、人工知能は、今後ある程度は社会へ浸透すると考えている。

松尾と新井の違いは一見すると大きいが、考え方によってはそれほど対立していないともいえる。たしかに両者は、人工知能がフレーム問題を突破できるのか、どの程度に言語を習得できるのかについては意見が異なっている。だが、今後人工知能が社会に浸透していくという点では一致している。この人工知能が社会に浸透していくという想定は、人工知能はフレーム問題をある程度には克服できるであろうという予測に基づいている。確かに現代の機械翻訳の場合、統計・確率主義である以上、原理的に間違いは避けられないが、データの蓄積が進めば、それだけ翻訳の精度もあがるので、将来的には、それぞれの作業・仕事・役割において大きな支障が出ない程度にまで精度をあげていくことが期待できる。そのような程度に到達した機械翻訳ならば、社会的に受容されていくことになるだろう（座談会「機械翻訳が普及した未来社会」も参照）。

第二次ＡＩブームはフレーム問題によって終わったが、第三次ＡＩブーム以後はデータの蓄積と機械学習の進化によってフレーム問題のある程度の克服が予想される。こうした事態をどのように考えればよいのか、最後に筆者の見解を少しだけ述べて本章を終えることとしたい。

八　むすびにかえて
――機械翻訳と未来社会を考える上での二つの問いの提起

機械翻訳が浸透する未来社会に対して、どのように向き合えばよいのだろうか。本章のむすびにかえて、筆者は大きく二つの問いを提起してみたい。ただし、この二つの問いは、根底ではつながっている。

第一の問いは、「機械翻訳が社会に浸透することによって、人間に新たに求められることはなにか」というものである。第三次ＡＩブームでは、人工知能がどの程度に高度になるのかにかかわりなく、それがすでに社会に浸透している事実がある。(注10) 前節で指摘したように、今後ますますデータの蓄積が進み、それぞれの現場で大きな支障が出ない程度にまで翻訳の精度をあげていくことができれば、機械翻訳はさらに深く社会に浸透していくだろう。そうした社会では、たとえば翻訳家の仕事においても、ＡＩ任せにできる部分が増えることは期待できそうだが、その一方で、人間には新たな役割が求められるのではないだろうか。なお本書の瀬上論文（三章）は、こうした社会に浸透していく機械翻訳によって、人間の翻訳がどのように変わるのかを考察したものである。

第二の問いは、「言語とはなにか」である。このような問いは抽象的で無用と思われるかもしれないが、第一の問いにこたえるためにも、この問いへの考察が不可欠である。なぜならば、機械翻訳が言語にかかわるものであるかぎり、「言語とはなにか」という問いへのこたえをもたなければ、機械を通して訳出される言語に対してそれぞれの現場でどのように向き合うべきかの判断ができないためだ。この問いのなかにはたとえば、「そもそも人間にとって言語をやり取りする意味とはなにか」、「人工知能が理解する言語とはなにか」、「人工知能がどこまで人間の生みだした多様な言語を相互に変換することができるのか」、といった問いがある。おそらく、こういったことがわからないかぎり、機械翻訳に対してどのような姿勢で臨むべきかを判断することはできないだろう。第二の問いである「言語とはなにか」にある程度でもこたえることができれば、第一の問いのこたえにもそれなりの見通しがつく。このように二つの点は密接にかかわっている。

本章で述べてきた機械翻訳をめぐる議論の歴史は、「言語とはなにか」という第二の問いと密接にかかわっている。たとえば本章で述べてきた論理主義は、言語は論理的に構成できるという考え方であった。この考え方が妥当であるのかはともかく、「言語とはなにか」という問いへの一つの立場になっているということはできるだろう。また、この論理主義に対して、ドレイファスの批判は言語には文脈を踏まえる必要があるとの指摘であったし、サールの批判は言語を理解することとはアルゴリズムに従って作動することではないというものであった。こうしてみると、批判的な議論のほうも「言語とはなにか」という問いへの見解の一つであったということができるだろう。「言語とはなにか」という問題意識は、第二次ＡＩブーム時までは、文系・理系の立場を問わず広く共有されていたが、残念ながら現在のＡＩブームではこうした問いに関心が払われているとはい

いがたい。（注11）

現在のＡＩブームが過去のそれと違うのは、実際に機械翻訳が社会に受容されつつあるという事実にある。この事実によって、第一の問い「機械翻訳が社会に浸透することによって、人間に新たに求められることはなにか」の重要さを理解することは容易いかと思われる。しかし、筆者としては、過去のＡＩブーム時の遺産でもある第二の問い「言語とはなにか」をめぐる議論のほうも依然として重要であると指摘したい。もちろん、歴史上の議論をそのまま現代に適用することはできないが、このような問いをもち続けることが、機械翻訳と未来社会を考察するためのてがかりとなるだろう。

本書掲載の論文や座談会は、第一の問いを念頭に置きつつ、第二の問いにも迫ろうとするものである。もちろん、本書があらゆる議論を漏れなく展開できたわけではないが、今後の機械翻訳と社会の関係を考察する上での一歩となりうるだろう。（注12）

機械翻訳の歴史年表

2020年　2010年　2000年　1990年　1980年　1970年　1960年　1950年　1940年

第三次AIブーム（2010年代）　第二次AIブーム（1980年代）　第一次AIブーム（1960年代）

論理主義	一九四七年	ウィーバーが機械翻訳のアイデアを提唱
論理主義	一九五四年	ＩＢＭ社とジョージタウン大学による初の機械翻訳研究の公開
論理主義	一九六五年	ファインゲンバウムらによるエキスパートシステムの開発
論理主義	一九七〇～八〇年代前半	ルールベースによる機械翻訳の時代
統計・確率主義	一九四三年	マカロックとピッツの共同研究（機械学習へつながるアイデア）
統計・確率主義	一九八〇年以降	統計機械翻訳のアイデアが発表
統計・確率主義	一九八八年	ＩＢＭ社が単語ベースの統計機械翻訳を提唱
統計・確率主義	一九九〇年以降	統計機械の時代
統計・確率主義	二〇一〇年代	ニューラル機械翻訳が主流となる
批判的意見	一九六五年	ドレイファスの人工知能批判
批判的意見	一九六八年	フレーム問題
批判的意見	一九八〇年	サールの強いＡＩ、弱いＡＩ、中国人の部屋の議論
批判的意見	一九八六年	ウィノグラードの人工知能批判

【注】

(1)「機械翻訳」の定義は研究者のあいだでも定まっておらず、ここに示した定義も、見方によっては不十分なものである。たとえば、「自動翻訳」というときの「翻訳」とは、人間のように翻訳する人工知能のことだけを指しているのか。それとも機械による独特な翻訳文章も含むと考えるべきなのだろうか。さらにつきつめていくと、そもそも「人間のような翻訳」とはなにか。こうした観点一つとっても、なにを機械翻訳とよべて、なにがよべないのかが変わってくる。このように機械翻訳を定義することはむずかしく、だれもが納得できるような定義はない。そのためここに示す定義も、本章を読み進めるうえでの便宜的なものにすぎない。

(2)記録にある限りだと、最初の機械翻訳的なタイプライターを一九二四年のエストニアの新聞紙が報告している(**Schwartz 2018, 165-6**)。だが、これがどのようなものなのかは不明であり、歴史的にどう位置づけたらよいのか判断がむずかしい。

(3)「記号主義」(**symbolism**)とよばれることが多い。ただし、記号主義とは、人工知能は記号によって構成できるとする立場のことであり、本論で述べている「論理主義」と意味するところは異なっていることに注意されたい。

(4)ニューハンプシャー州のダートマス大学で開催された。参加者は、マッカーシー、ミンスキー、ロチェスター、シャノン、ソロモノフ、セルフリッジ、モア、サミュエル、サイモン、ニューウェルの十人となっている。会議を支援したのはロックフェラー財団である。このうち、マッカーシーなどは、その後に「フレーム問題」を指摘するなど、人工知能の問題提起にもかかわっている。

(5)五〇‐七〇年代ごろまでのアメリカの人工知能研究者らの関係を扱ったものにマコーダック『コンピュータは考える』(**McCorduck 1979**)がある。論理主義のジャーナリストの著作であり、人間関係に焦点があたっているが、第二次ＡＩブームまでの経緯を知るには、よく参照されている。この時代の雰囲気を知るためには、いまでも最初に手に取るべき一冊といってよいだろう。
（6）ダートマス会議の出席者らがドレイファスをどう受けとったかについては（McCorduck 1979, ch.9：日本語訳第九章）を参照。またＡＩをめぐる文系と理系の隔たりについては、（新垣二〇一八）を参照。
（7）人工知能研究全般の専門用語だと「コネクショニズム」（connectionism）という。コネクショニズムは、ネットワークモデルによって知能をつくりあげようとする考え方であり、記号主義とは違い、記号以外の処理を含んでいる。コネクショニズムと、本論で述べている統計・確率主義は異なるので注意されたい。
（8）現代の機械翻訳は、対訳データを与えるだけで構築するのはむずかしく、「教師データ」とよばれるデータが別に必要となっている。教師データとは、どのように解析することが望ましいのかを人工知能に教えるデータである。この教師データは人間がつくる必要があるので、人工知能をつくるのに完全に人間の手が不要となったわけではない。近年では、この教師データの与え方、ＡＩへの学習のさせ方に注目があつまっている。たとえば、逆翻訳（back-translation）という方法では、最初から対訳データを用いるのではなく、まずはそれぞれの言語だけをＡＩに学習させるほうが効果的としている（Edunov et al. 2018）。いずれは教師データが不要な「教師なし学習」の確立がめざされているが、仮にそれが可能なのだとしても、まだ時間が必要だろう。
（9）統計機械翻訳の場合は、翻訳の過程は原言語か目的言語の文字や単語といった記号ベースで行われるため、まだ解読は可能といえるかもしれない。しかし、ニューラル機械翻訳の場合は、翻訳の過程はベクトルのような数値によって表現されており解読はむずかしい。
（10）ただし、第二次ＡＩブーム時のエキスパートシステムには、ＡＩに「専門家」という役割を期待していたことから（大黒二〇一六、一八四‐五）、社会への浸透はすでにこの時期にはじまっていたといえるかもしれない。
（11）もちろん例外もある。ＡＩ開発者でありながら、哲学的な議論にも開かれている三宅の考察（三宅二〇一六、二〇一八）などでは、知性や言語とはなにかという問いがＡＩ研究のシミュレーションを通して展開されている。

（12）本章執筆の過程では、共編者である瀧田 寧氏との議論を参考にした。

第一章　機械翻訳とポライトネス

――機械翻訳に反映させるべきポライトネスとその手法に関する一考察

羽成拓史

一　はじめに

近年、機械翻訳は加速度的にその精度を増しつつあり、早ければ二〇三〇年前後には実用的な機械翻訳が社会へ導入されるとの予想もある（松尾二〇一五）。すでに、国立研究開発法人情報通信研究機構（以下ＮＩＣＴ）が開発した旅行会話用の多言語音声翻訳アプリである「VoiceTra」や、Googleによる「Google Translator」など、過去には単なる想像の産物でしかなかったような機械翻訳の技術が（まだ発展途上ではあるものの）、広く一般に向けて提供されている。これは、私たちが日常的なコミュニケーションの中で用いる多種多様な言葉をコンピュータが理解し、他言語へ翻訳してくれる世界が実現する可能性を示唆している。無論、世界に存在する多種多様な言語全てを対象として、そのような技術を適用するのは事実上不可能かもしれない。しかしながら、母語話者数が比較的多い言語の話者同士であれば、かつては、どこかSF小説じみた現実感のないものであった「自分の伝えたい事」を、母語のままで他言語話者に容易に伝えることが可能な社会が、もはや空想の世界を飛び越えて、気が付けば私たちの目前に迫ってきているのかもしれない。

このようにその加速度的な進歩に伴って、日常的なコミュニケーションに機械翻訳が導入される可能性が高まる中で、機械翻訳を専門に扱っている研究者にとっても避けては通れない要素として浮かび上がってくるのが「ポライトネス」という概念であろう。事実、「ポライトネス」に関わる領域であるT/V distinctionを、ドイツ語から英語への翻訳に、最新の機械翻訳技術を用いて、いかに反映させるかについての研究も発表されている（Sennrich et al. 2016）。「ポライトネス」の一般的な意味は「丁寧さ」や「礼儀正しさ」であるが、社会言語学や語用論等の研究分野における学術用語としてはそれと異なった意味で用いられる。その発表直後から様々な批判に晒され続けるも今なおポライトネス研究の「範疇」としての地位を保っているBrown & Levinson（1987, 以下B&L）による定義を最も簡潔に示せば、ポライトネスとは「円滑な人間関係の確立・維持のための言語行動」となる（宇佐美二〇〇三、一一九）。例えば、友人にペンを貸してほしいと伝えるときに、「ペンを貸せ」より「ペンを貸してくれる?」と言ったほうが、普通は人間関係が円滑に確立・維持される。これは、もちろん極端な例だが、私たちは日常生活において大抵上記のような概念であるポライトネスに、時には意識的に、場合によってはほぼ無意識に、配慮しながらコミュニケーションを行っている。そうでなければ、人間関係の多くが破綻しかねないことは先の例からも明らかだろう。よって、機械翻訳が将来的に日常生活に適切に導入されるためには、このポライトネスの概念が十分に反映されていなければならない。

本章では、このポライトネスという要素が機械翻訳にとって必須であることを踏まえ、機械翻訳にこの要素を反映させるためにはどのような点に留意するべきなのかということを、上記のB&Lの枠組みによる理論の詳細を含めた現在までのポライトネス研究の知見等を参照しながら、分析・考察していく。そのための手順としてまずは、機械翻訳の発展と現状そして今後についての概略を二節で確認し、次に三節でポライトネスについて、その背景となる理論を概観し、機械翻訳に適用するべきポライトネスの定義を改めてまとめる。これらを踏まえて四節以降で、ポライトネスという概念の機械翻訳への適用について議論し、五節で最終的な結論を述べる。

二　機械翻訳の発展と現状そして今後

機械翻訳に使用される、あるいは使用されてきた主な技術を挙げると、「ルールベース翻訳（以下RBMT）」、「統計翻訳（以下SMT）」、そして「ニューラル機械翻訳（以下NMT）」の三つとなる。それぞれの技術について説明する。まず、RBMTは言語の専門家が自ら作成した辞書やルールに基づいて機械翻訳を行う技術であり、最も初期の機械翻訳で採用されていた技術となる。次にSMTは大量の対訳データを、統計的な手法で解析し、統計的に最も確率の高い訳文を出力する技術であり、近年まで機械翻訳においては最も主流な技術であった。最後に、NMTは、ニューラルネットワークというコンピュータに観測データに基づいて学習する能力を与える技術と、それに付随する深層学習技術を応用して訳文を生成する技術である（隅田二〇一四、松尾二〇一五、中岩二〇一七）。余談だが、深層学習技術は「ディープ・ラーニング」とも呼ばれ、近年この技術を応用したAIが世界最強クラスの囲碁棋士に勝利したというニュースを記憶されている方も多いかもしれない。

NMTで利用されるニューラルネットワークという技術は、発想としては一九八〇年代から存在していたが、当時のコンピュータの処理速度等の問題で実用には至らなかったという。しかし技術進歩に伴いそのような問題が解決され、二〇一〇年代から、再度注目を集めるようになってきた。二〇一六年一一月にGoogleがNMT技術を導入してから、それまで機械翻訳の手法として主流であったSMTに、NMTが取って代わりつつあるというのが現状であるという（中岩二〇一七）。

中岩（二〇一七）によれば、NMTの性能は、従来の手法（SMT等）を凌駕しており、今後更なる進展が期待されているという。松尾（二〇一五）が想定している実用的な機械翻訳も基本的にはNMT技術を用いたものである。更に、一節で触れたNICTで開発された高性能機械翻訳アプリの「VoiceTra」でも、日本語と英語間の翻訳に限定されているが、従来のSMTではなくNMTが採用され大きな性能向上が見られている。

大まかにまとめると、RBMTからSMTへ、そして現在はNMTが機械翻訳の主流となりつつある。本章では、この機械翻訳の現状を鑑みて、今後、特に断りがなければ、機械翻訳とはNMT技術を利用したものを指すこととする。

NMT技術を応用した機械翻訳による訳文は、従来の手法と比べて人間による翻訳の品質にかなり近づいていると言われており（中岩二〇一七）、今後さらに機能の向上が進めば、本章で議論するポライトネスを完璧に反映させた自然な翻訳が可能となるかもしれない。無論、ポライトネスという概念や、それに付随して私たちが日常的に行っている言語行動は、一節で触れたようなことよりも、はるかに複雑なものであるため、現実的にはそのような機械翻訳が可能となるのは、松尾（二〇一五）が予想する二〇三〇年前後よりもかなり先のことになる可能性が高い。しかしながら、現在のNMT技術を応用した機械翻訳の発展の驚異的ともいえる速度を考慮すると、三節でみていくポライトネスの複雑さにも予想以上に早く対応できるようになることが期待できる。

三　ポライトネス

三・一　B&Lのポライトネスをそのまま採用できるのか

ポライトネスという概念が、語用論や社会言語学という言語学分野において、注目される研究領域となってから実に半世紀近くが経過している。その間、様々な研究アプローチから、様々な主張がなされ、その数は相当数に上る（Lakoff 1973; Leech 1983; Brown and Levinson 1987; Ide 1989;

Fraser 1990; Gu 1990; Mao 1994; Holmes 1995; Eelen 2001; 宇佐美二〇〇一、二〇〇二a、二〇〇二b、二〇〇二c、二〇〇二d、二〇〇三; Watts 2003; Mills 2003; Pizziconi 2003; Fukada and Asato 2004; 井出二〇〇六、滝浦二〇〇五、生田二〇〇六、二〇〇八)。しかしながら、ポライトネスの定義については、主に研究アプローチの違い等に起因して不一致が見られ、このような不一致が今後も解消する見通しは立ちそうもないという(Watts 2003)。また、一節で、ポライトネスという概念の大要の把握を容易にするために、その定義としてB&L(1987)のものに触れたが、彼らが定義するポライトネスは、本来そこに関わるはずである言語現象の一部しか扱っていないため、あるいは扱っている分析範囲自体がそもそも狭すぎるために、不十分であると指摘する研究者もいる(Watts 2003; Mills 2003)。B&L(1987)によるポライトネス理論の分析範囲や、そこから導き出されるポライトネスの定義が不適切であるとすれば、そのまま機械翻訳に適用することは問題があることになる。

上記のような指摘が妥当であるかどうかを確かめるためには、ポライトネス理論に関係する様々な研究をB&L(1987)によるものを含めて概観してその要点をまとめる必要があるだろう。次項ではまず、ポライトネス研究の分析範囲の差異について検討していく。

三・二　ポライトネス研究の分析範囲

前項で述べたとおり、B&L(1987)のポライトネス理論は、その分析範囲に問題がある可能性がある。彼らの理論の分析範囲は主に「文／発話行為レベル」であるが、その他にはどのような分析範囲がありえるのか。

言語使用とポライトネスの関係を語用論的観点から扱った研究は、一般的にLakoff（1973）によるものに端を発するとされる。この研究は、「文／発話行為レベル」を分析範囲としていると考えてよい。しかしこれは、ポライトネス研究の分析範囲における最小単位ではない。単一の語であっても、対話者同士の人間関係等に相互に影響し合う可能性があるものは存在する。代表的なものは「対称詞」等である。対称詞とは、「話の相手に言及する言葉の総称（鈴木　一九七三）」のことで、人称代名詞に加えて親族名称、職業名、肩書、固有名詞などを指す。非常に有用であるため、本章ではこの用語を主に使用していく。ヨーロッパの主言語の二人称代名詞を分析対象としたBrown & Gilman（1960）の研究でも指摘されているとおり、人称代名詞を含む対称詞は、その使い分けによって対話者同士の人間関係等が示唆されうるものである。よってこのような研究もポライトネス研究の一種として本章では分類することにする。このような単一の語の使い分けを扱った研究の分析範囲は「文／発話行為レベル」よりも狭い「対称詞等の単語レベル」ということになる。

そしてLakoff（1973）やB&L（1987）による「文／発話行為レベル」という分析範囲を超えるものとして、「談話レベル」の言語行動を対象とする研究がある。これらの研究は、話し手による単一の発話だけではなく聞き手の反応まで含めたポライトネス研究である（宇佐美二〇〇一、二〇〇二a、二〇〇二b、二〇〇二c、二〇〇二d、Mills 2003; Watts 2003; 生田二〇〇六、二〇〇八)。

以上のことを踏まえると、ポライトネス研究(及びそれに関わりが深い研究)は、以下の三つに分けることが可能となる。

(一)「対称詞等の単語レベル」

(二)「文/発話行為レベル」

(三)「談話レベル」

ポライトネス研究にはこれら三つの分析範囲があることを前提として、以下三.三項から三.五項で、それぞれの分析範囲に沿ってポライトネス研究を分類したうえで確認していき、その妥当性や問題点についてまとめていきたい。

三.三 「対称詞等の単語レベル」を分析範囲とするポライトネス研究

前述したとおり、Brown & Gilman(1960)による呼称表現研究はポライトネスの研究に関わりがあるされる。その理由をより詳しく述べれば、ヨーロッパの主言語における二人称代名詞の使い分けが、「力(power)」や「連帯意識(solidarity)」という人間関係に大きく関わる社会的要因に影響されると彼らが指摘したためである。彼らはこのような二人称代名詞の区別を古代のラテン語で用いられたtuとvosの二人称代名詞の区別からT/V distinctionと名付け、現代のヨーロッパの主要言語において使用される親称をT、敬称をVとして分類した（Brown & Gilman 1960）。現在の標準的な英語においては、ヨーロッパの主言語に見られるようなT/V distinctionは存在しない。そのため、例えばフランス語を起点言語として、英語を目標言語とした翻訳では、フランス語の二人称代名詞の使い分けで示唆されている人間関係が、英語の翻訳において反映されないことが指摘されている（Hatim & Mason 2000）。ただ、Brown & Ford（1961）によれば、英語においても、二人称代名詞以外の対称詞の使い分け（ファーストネームで呼ぶか、肩書・敬称＋ラストネームで呼ぶか等）に力関係や親疎関係などの社会的要因が関係するという。また、対称詞の使い分けに社会的な力関係や親疎関係が大きく影響するという点においては、韓国語や中国語などのアジア系の言語を対象とした研究でも一貫性が見られることが報告されている（Kroger, Wood and Kim 1984）。

日本語においても、目上には親族名称、職業名、肩書を使用し、目下には人称代名詞、あるいは固有名詞を使用するという使い分けが存在するとの指摘がなされている（鈴木 一九七三）。ただし、日本語では人称代名詞を含む対称詞を使用しない傾向が強いことも指摘されている（甲斐澤一九九二、伊豆山一九九四）。つまり、日本語においてはどの対称詞を使用するかによって対話者の上下関係が示唆されうるが、現実には対称詞が使用される割合は著しく低く、日本語の母語話者は、対称詞の使用をしない傾向が強く見て取れるということである。

「対称詞等の単語レベル」を分析範囲とするポライトネス研究は、対称詞のような単一の語であっても、人間関係の距離等を調節する機能を持っていることを明らかにしてくれる。そういった意味では、対称詞の使用は特にポライトネスとの関わりが強く、ある言語での対人関係に対する配慮意識が色濃く反映されていると言える。もし、これらの研究から、ポライトネスの定義をするならば、「ある単一の語の形式の差異等によって人間関係の距離を調節すること」とでもなるだろう。しかしながら、無論、ある言語における対人配慮の意識や人間関係の距離の調節は、単一の語の形式的差異のみで示唆されるわけではない。前述の様々な言語を対象とした研究からもわかるとおり、対称詞の使用一つとっても言語によってその仕組みや使用傾向は様々である。この違いは、ある言語においては対称詞の使用で示唆される対人関係に対する配慮意識が、別の言語では異なる方法で示唆される可能性があることを示している。すなわち、より大きな分析範囲でなければ、ある言語におけるポライトネスの全体像を明らかにすることはできないと言わざるを得ない。この点を考慮すれば、「対称詞等の単語レベル」を分析範囲とするポライトネス研究の知見のみで、ポライトネスの定義をすることはやはり無理がある。ただし、ある言語のポライトネス研究の一部として行うのであれば、非常に有益であることは間違いないだろう。それでは、もう少し大きな分析範囲である「文／発話行為レベル」であれば、十分な分析が可能となるのだろうか。

三・四　「文／発話行為レベル」を分析範囲とするポライトネス研究

Austin（1962）や Searle（1969）らによって発話行為理論が生み出され、それを基に Grice（1975）

が四つの「公理（maxim）」からなる「協調の原則（cooperative principle）」を提唱した。コミュニケーションを行う際、人は基本的にこの協調の原則に従っていると仮定される。これを前提として、話し手による表面的には協調の原則への違反に思われる発話から、聞き手が「推意（implicature）」を引き出し、協調的、効率的な意思疎通が実現されるのだという（Grice 1975）。これを合理的言語使用の理論的基盤・前提として Lakoff（1973）、Leech（1983）、B＆L（1987）などによる「文／発話行為レベル」を分析範囲とするポライトネス研究が発表された。ここでは、B＆L（1987）のポライトネス理論をみていきたい。

まず、B＆L（1987）のポライトネス理論を説明する際の重要な概念として「フェイス（face）」がある。彼らは Goffman（1967）のフェイスの概念を援用して独自の概念として定義し直し、自らのポライトネス理論に取り入れている。彼らによれば、人間にはだれでも人との関わり合いに関する基本的欲求としてフェイスが存在し、フェイスには「ネガティブ・フェイス（negative face）」と「ポジティブ・フェイス（positive face）」の二種類があるという。前者は、他者に自分の領域を侵害されたくない、他者に指図されずに自由に振舞いたい、つまり他者と距離を置きたいという欲求であり、後者は自分のことを相手によく評価してもらいたい、相手に好意的関心を示してもらいたい、つまり他者に近づきたいという欲求である（B&L 1987, 61）。私たちが日常的に行っている行為の中には本質的に、上述したフェイスを侵害するような行為があり、そのようなフェイスを脅かす行為のことを B＆L（1987, 65-68）は「フェイス侵害行為（FTA：Face Threatening Act）」と呼ぶ（以下ＦＴＡ）。例えば、誰かに依頼や命令をするという行為は、相手の行動の自由を制限する可能性があるために、相手のネガティブ・フェイスを脅かす行為となりうるのでＦＴＡであると考えることができる。そして、このようなＦＴＡを、最大の効率で、もしくは緩和したうえで行う、あるいは、避けるための方略として、以下の五つの「ポライトネス・ストラテジー（politeness strategies）」を提案し、そのうち三つのポライトネス・ストラテジーには下位分類としてより細かいストラテジーをそれぞれ一〇〜一五種類ずつ設定している。

（一）あからさまに（bold on record）
（二）ポジティブ・ポライトネスに配慮して（positive politeness：一五種類）
（三）ネガティブ・ポライトネスに配慮して（negative politeness：一〇種類）
（四）オフレコで（off record：一五種類）
（五）ＦＴＡを行わない（Don't do the FTA）

Ｂ＆Ｌによれば、上述した五つのポライトネス・ストラテジーは、話し手が行おうとするＦＴＡが聞き手のフェイスを脅かす度合いの見積もりに応じて個々に選択されるという。この相手のフェイスの侵害度は、三つの要因によって想定されるとして次のように公式化している。（B&L 1987, 76）

Wx=D（S, H）+P（H, S）+Rx

Wxはある行為x（FTA）が相手のフェイスを脅かす度合い、すなわちフェイス侵害度の重さのことであり、Dは話し手（S）と聞き手（H）の「社会的距離（social distance）」、Pは聞き手（H）が話し手（S）に対して及ぼす「力（power）」、Rxとは、特定の文化において「ある行為xが相手にかける負荷度（absolute ranking of imposition）」を示している。Wxが大きいほど話し手は前述したポライトネス・ストラテジーの中から、高い番号のストラテジーを選択するとされている。

B&Lのポライトネス理論を端的にまとめれば、他者に対して、ある行為を行う際に、P、D、Rを足して算出したWxに応じて、適切なポライトネス・ストラテジーを選択し、聞き手のフェイスに配慮を示しつつFTAを行う（あるいは避ける）という考え方である。彼らは文化の差によって、各言語でポライトネス・ストラテジーの表出の仕方や順序は異なるかもしれないが、それらの言語行動の動機としてフェイスへの配慮が存在するという点は普遍的であるとする（B&L 1987）。

B&L（1987）のポライトネス理論およびポライトネスの定義は、（その背景的根拠は複雑だが）明瞭なものであり、十分適切であるように思われる。しかしながら、文化差に基づく批判（Matsumoto 1988; Ide 1989; Mao 1994）や、分析範囲が「文／発話行為レベル」では、不十分であるとの指摘（Eelen 2001; 宇佐美二〇〇一、二〇〇二b、二〇〇三; Mills 2003; Watts 2003）がなされてきた。

まず、B&Lのポライトネス理論は欧米の言語と文化を背景にして作られた個人中心的なものであるため、日本語のように敬語が言語体系に組み込まれていて、敬語使用の原則の制約が大きく影響する言語では、彼らが主張する話者個人のストラテジーとしてポライトネスをとらえることは不可能であるという批判である（Ide 1989）。これはすなわち独自の敬語体系を持つ言語や、社会的・文化的規範が言語選択に制約を与える文化には、西欧の言語を基準とした彼らの理論は当てはめることができないという「普遍性」に対する批判ということになる（Matsumoto 1988; Ide 1989; Mao 1994）。さらにIde（1989）は、話し手が積極的に相手に敬意を示したり、距離を調節したりする「働きかけ方式（volition）」のポライトネスと、社会・文化の慣習・規範に受動的に従い、地位、力関係、年齢差、親疎関係などに基づく社会的・心理的距離、話題や場面の改まりによって制約を受け、その制約に従うことによって実現される「わきまえ方式（discernment）」のポライトネスを提案している。Ide（1989）によれば、B&Lのポライトネス理論においてはフェイスを前提とした「働きかけ方式」のポライトネスのみが考慮されており、「わきまえ方式」のポライトネスという観点が見落とされているという。

しかしながら、Pizziconi（2003）は、敬語使用の原理も英語と同様にストラテジーとして規則化しており、敬語もポライトネス・ストラテジーも社会的場面や人間関係、発話の状況を反映する指標として機能している点においては変わらないと述べている。それゆえ、日本語の敬語を考慮してもポライトネス理論が有効であるとしIde（1989）やMatsumoto（1988）に異議を唱えている。また、Fukada & Asato（2004）や滝浦（二〇〇五）も敬語をネガティブ・ストラテジーとみなして特別視しないという点において B&L に賛同している。彼らの主張によれば、敬語の使用は距離を取ることで相手の領域への侵害を回避するので、それはネガティブ・ストラテジーのひとつであるという。滝浦（二〇〇五）はさらに、Goffman の相互行為儀礼を引き合いに出し、B&L のポライトネスもそもそも受動的かつ能動的であるような両義性を備えたものだと主張する。よって、Ide（1989）が主張する二種類のポライトネスに分けて考える必要性がそもそもないのではないかと指摘する（滝浦 二〇〇五）。

これらの Ide（1989）に対する批判を考慮すれば、日本語の敬語を特殊なものだとして B&L のポライトネス理論の有効性を疑うのは難しいと言える。ただし、生田（二〇〇六、二〇〇八）が指摘するように、言語による比重の違いが存在しているだけで、ある言語におけるポライトネスには Ide（1989）が主張するような「わきまえ方式」で解釈されるべき側面と、B&L（1987）の主張したフェイス配慮の方略的言語行動として解釈されるべき側面（Ide（1989）では「働きかけ方式」として分類されている側面）との両方が備わっていると考える方が自然であろう。Ide（1989）はこの二つの側面を切り離して考え、B&L（1987）はフェイス配慮の方略的言語行動の面のみを強調していたのだ。生田（二〇〇六、二〇〇八）が発話行為の連鎖構成から明らかにしているように、ポライトネスにおけるこの二つの側面は複雑に影響し合いながら相互行為において同時並行的に機能していると言える。この点を考慮すると、「文／発話行為レベル」のみを分析範囲とした場合、特にポライトネスの性質に関して、偏った分析に陥る危険性が高まると考えられる。「文／

発話行為レベル」を分析範囲とするポライトネス研究が上記のような分析上の偏りを生み出す可能性が明らかとなり、「談話レベル」を分析範囲としたポライトネス研究こそがこの問題点を解決しうるという主張が二〇〇〇年前後を境にして増加してきている（宇佐美二〇〇一、二〇〇二b、二〇〇三；Watts 2003）。

では、「談話レベル」の分析範囲でポライトネスを捉えようとする研究とはどのようなものなのか。次項以降でみていきたい。

三・五　「談話レベル」を分析範囲とするポライトネス研究

ここでは、「談話レベル」を分析範囲とするポライトネス研究のうち特にWatts（2003）と宇佐美（二〇〇一、二〇〇二a、二〇〇二b、二〇〇二c、二〇〇二d、二〇〇三）のものを詳しく見ていきたい。Watts（2003）は、ポライトネスが、世界に普遍的に存在する概念であることは認めている。しかしその一方で、彼はポライトネスを適切に解釈するためにはpolitic behaviorという社会文化的に決定付けられる行動が存在することを前提とする必要があると主張する。Watts（2003）によれば、politic behaviorとは、ある社会における現状保持の状態（equilibrium）を保つことを目的として、会話に参加している当事者が、その社会においてどのような行動が適切、あるいは不適切であるかを判断しながら行われる行動であるとされる。また、そのような行動は社会文化的に決定されており、社会グループにおける個人間の関係の構築や維持をしていくことを目的として行われるという。しかしながら、politic behavior は普段意識されることはなく、違反があったときのみ意識される行動であるとも述べている。そして、ポライトネスとは、この politic behavior で適切とされる範囲を超えた行動であるとする。さらに、そのような politic behavior で適切とされる範囲を超えた行動が肯定的に解釈されるか、否定的に解釈されるかはコンテクスト次第であるとも主張する。すなわち、単一の発話を取り出して、それがポライトネスとして肯定的に解釈されているかどうかを言語形式等だけから判断することはできないということである。Watts（2003）が主張する politic behavior とそれに付随するポライトネスの概念は、聞き手の存在が考慮されていないと批判されるB＆L（1987）の理論と異なり、話し手と聞き手の相互行為における会話のダイナミズムに基づいている。そのため必然的に分析の対象となる範囲は「文／発話行為レベル」を超えた「談話レベル」でなければならないのだろう。

宇佐美（二〇〇三、二二五）はポライトネスを「言語行動のいくつかの要素がもたらす機能のダイナミックな総体」と捉えている。文法構造や敬語体系の有無などの諸言語における相違点を考慮すると、「文／発話行為レベル」だけでは、ある言語におけるポライトネスを適切に説明するのは困難であるとしている。そして、このような問題点を克服するために「ディスコース・ポライトネス」を提唱した。宇佐美（二〇〇二b、二〇〇二d、二〇〇三）によれば、「ディスコース・ポライトネス」とは、スピーチレベルのシフト、話題導入の仕方や頻度、あいづちや終助詞の使用法や頻度、前置きの有無、依頼までの前置き談話の流れ、ほめ談話の流れ等を具体的な分析対象とするという。「ディスコース・ポライトネス」理論では、談話展開の典型と仮定される「基本状態」が様々な「活動の型」ごとにあると想定し、そこからの離脱や回帰によって「ポライトネス効果」という相手に自分の言語行動がどう受け取られるかという値が導けるとしている。「ポライトネス効果」には「プラス・ポライトネス効果」、「ニュートラル・ポライトネス効果」、「マイナス・ポライトネス効果」の三つがあり、これらは、基本的に「話し手と聞き手のフェイス侵害度の見積もりの差」を数値に置き換えた形で連続線上に表すことによって体系的に捉えられるとする。また「ポライトネス効果」は相対的に生まれるものであるため、「絶対的ポライトネス」と「相対的ポライトネス」の区別が必要であり、後者が特に重要であるという。そしてB&L（1987）の、ポライトネス・ストラテジーによってＦＴＡを軽減する行為は一種の「有標ポライトネス」であり、他方「守られていて当たり前で、期待されている言語行動が表れないときに初めてそれがないことが意識され、ポライトではないと捉えられる」言語行動は「無標ポライトネス」であるとして区別している（宇佐美二〇〇三、一二六）。

この二人の研究の共通点は、B&L（1987）で詳細に検討されていなかったポライトネスの性質を説明するためそれぞれ politic behavior と「無標ポライトネス」という類似した概念を提案していることと言える。また両者ともに分析範囲を「談話レベル」に拡大することによって聞き手の視点を取り入れ、ポライトネスの相対的な面を分析しようとしている。このポライトネスの相対的な面とは、話し手によるある発話が、聞き手の判断次第でポライトであるとも、ポライトではないとも捉えられうるという点のことである。両者ともにpolitic behaviorと「基本状態」という一種の基準が存在すると仮定し、その基準に照らし合わせて聞き手が判断を下すことによって、ある言語行動がポライトであるか（あるいはポライトではないか）が決定されるとしている。

三・六　機械翻訳に適用されるべきポライトネスの定義

三・一項から三・五項で分析範囲の拡大に沿って現在までのポライトネスに関する研究を概説してきた。これらの研究から機械翻訳へ適用する際に適切と思われるポライトネスの定義を明らかにしていきたい。まずポライトネスの定義をするための分析範囲として適切であるのは「談話レベル」であろう。なぜなら「対称詞等の単語レベル」の分析では、ある言語のポライトネスに関わる言語行動の一部しか記述できないし、「文／発話行為レベル」の分析では、同様の問題点に加えて「無標」のポライトネスを捉えることができないためである。

「談話レベル」を分析範囲としたポライトネス研究では、聞き手から肯定的に解釈されない言語行動も含めてその研究対象としており、そのような「円滑な人間関係の確立・維持のために機能しない言語行動」、あるいは「円滑な人間関係の確立・維持を意図しない言語行動」によって生み出される「マイナス・ポライトネス」は、ポライトネスという概念を構成する要素の一つであるという（宇佐美二〇〇二a、一〇三－一〇四）。しかしながら、そもそも機械翻訳にポライトネスを適用する目的は、「マイナス・ポライトネス」のような「負の側面」まで含めてあるがままに人間の言語行動を写し取った翻訳を聞き手に示すことではなく、機械翻訳を介したコミュニケーションにおいて円滑な人間関係が確立・維持されることである。従って、このような「マイナス・ポライトネス」を反映させた翻訳を聞き手に提示する必要性はなく、むしろそのような翻訳は避けるべきであると思われる。このような観点からすれば、機械翻訳に適用されるべきポライトネスの概念は、「談話レベル」のポライトネスのうち聞き手に肯定的に解釈される言語行動のみであると考えられる。従って、本章では機械翻訳に適用されるべきポライトネスという概念の定義として、「言語行動を通して、話し手から聞き手へ伝達される、フェイスや彼らが所属する社会の社会的規範への配慮意識のうちで聞き手に肯定的に解釈されたもの」を採用することにする。ただし、どのような言語行動がこのような配慮意識を伝達するかについては各言語文化や状況によっても異なることを前提とする。

四　機械翻訳へのポライトネスの適用

四・一　対訳データベース

二節で触れたとおり、今後の機械翻訳の主流はＮＭＴ（ニューラル機械翻訳）であると思われる。ＮＭＴはニューラルネットワークとそれに付随する深層学習技術を利用して、翻訳を行う技術であるが、ＮＭＴの翻訳品質はどれだけ大量の「対訳データ」を収集できるかにかかっているという（中岩二〇一七）。この「対訳データ」は人間による翻訳を言語対ごとに集めたデータベースと考えてよい。つまり、「対訳データ」である人間による翻訳にまずポライトネスが適切に反映されていなければ、最先端の技術であるNMTであっても、ポライトネスを適切に訳文に反映させることはできないのである。

よって、まずは人間による翻訳において、起点言語から目標言語へとポライトネスを移行させる際の手順や課題を明らかにする必要があるだろう。これらが明らかになれば、今後の翻訳において起点言語から目標言語へポライトネスが適切に反映される可能性が高まると思われる。そうなれば、結果として対訳データベースがよりポライトネスを適切に反映したものになっていき、対訳データベースを利用している機械翻訳においてもポライトネスが適切に反映されるようになると考えられる。

このため四・二項からは、人間による翻訳にポライトネスを適切に反映させる際に、様々な分析範囲のポライトネス研究で得られた知見がどのように役立つのか、あるいはそのような知見を翻訳に反映させる際にどのような課題がありえるのかといったことを中心に分析と考察を進めていく。

四・二　「対称詞等の単語レベル」のポライトネスの翻訳への適用

対称詞の使い分けは、ポライトネスを聞き手に伝達する方法のひとつであるが、前述したとおり各言語によってその反映のされ方は異なっている。本項では、具体的にどのような反映のされ方の違いが存在するのかをまず確認し、翻訳に際してその違いはどのように処理されるのが適切だと考えられるのかを検討していく。

鈴木（一九七三）によれば、対称詞には「代名詞的用法（pronominal use）」と「呼格的用法（vocative use）」という二つの用法が存在するという。前者は「ある文の主語または目的語として用いられたことばが、内容的に相手をさしている場合」（鈴木一九七三、一四七）であり、後者は「相手の注意を引きたいときや、相手に感情的に訴えたい場合」（鈴木一九七三、一四六）である。それぞれの用法に関して、相対的に翻訳される機会が多いと思われる日本語から英語および英語から日本語への翻訳を中心に、異言語間にみられる対称詞使用に関するポライトネス実現方法の差異が、それらにどのように反映されているのかを考察していきたい。

英語では文法的制約により代名詞的用法の対称詞である you の使用がほぼ必須である。他方、日本語においては文法的に必須ではない上に、人称代名詞とされる「君、あなた」等の語が省略されるか、固有名詞等を二人称代名詞と等価として使用する傾向が強いという（油井二〇〇七）。このため日英間の翻訳では英語の二人称代名詞を、日本語ではそのまま表現せず省略（ゼロ代名詞化）するか他の表現に置き換える必要が出てくる（吉見二〇〇一）。

Biber et al.（1999, 1112）によれば英語の呼格的用法の機能は以下の三種類（カッコ内の翻訳は筆者）であるという。

a. getting someone's attention
（誰かの注意を引く）
b. identifying someone as an addressee
（ある人物が直接の聞き手であると確認する）
c. maintaining and reinforcing social relationship
（社会的関係を維持し強化する）

油井（二〇〇七）によれば、親しみや共感の発露としての呼格用法は英語では一般的だが、日本語ではまれであるという。相手と距離を取る手段としての呼格用法は日本語・英語ともに存在する。ただし、日本語は敬語体系の使用によって呼格用法による相手との距離の調節をそれほど必要としていないので、呼格用法をどちらの用法でも使用することがまれであるという。

以上のことから、日英間の翻訳では、主に文法的な差異による対称詞の有無と、親しみや共感の発露としての呼格用法の使用頻度の差等が問題となりうることがわかる。翻訳する際に問題となりうるこのような点は、三．三項で分析したとおり、言語形式の差異やポライトネス実現方法の文化固有性によるものと言える。ただ、このような差異が言語間に存在することを十分に把握していれば、文法的な差異によるものについてはある程度対応することは可能であるだろう。ただし、問題は英語に見られて日本語にまれであるとされる親しみや共感の発露としての呼格用法の例のように、ある言語には存在するが、別の言語には存在しない（あるいは非常にまれな）言語行動によってポライトネスが伝達される場合であると考えられる。この場合は他のポライトネスを伝達する言語行動によって、二言語間でのポライトネス量のギャップを埋めなくてはならないだろう。ただそのためには、より広い範囲で会話を捉えた翻訳が必要になると思われる。

以下の（一a）から（三b）の例はＮＩＣＴが開発した旅行会話用の多言語音声翻訳アプリである「VoiceTra」による日英・英日間の翻訳結果である（VoiceTra は英日・日英どちらの方向へも翻訳可能）。

（一a）Can you call back later ?
（一b）後ででかけ直してもらえますか。
（二a）Do you eat breakfast Mr. Brown ?
（二b）ブラウンさんは朝食を食べますか。
（三a）Can you call back later mate ?
（三b）後でかけ直してもらえますか

（VoiceTra: NICT: 国立研究開発法人情報通信研究機構）

VoiceTra には前述のとおり日英翻訳にＮＭＴの技術が使われており、従来の技術を大きく上回る高精度の自動翻訳システムを実現しているという。（一ａ）と（一ｂ）の翻訳例を比較すれば、対称詞の省略（ゼロ代名詞化）が問題なく行われていることがわかる。さらに、（二ａ）と（二ｂ）の翻訳例では、日本語文において、二人称代名詞の主語として英語では使用することができない他の表現（この場合は固有名詞である〝ブラウンさん〟）が使用されているが、問題なくyouに置き換えられて翻訳されている。どのような単語を使用しても一〇〇％の確率でこのように翻訳されるわけではないようだが、今後の翻訳精度向上も考慮すれば、対称詞の代名詞的用法において機械翻訳は十分に対応できていると考えていいだろう。これはすなわち、対訳データベースにおいてもこれらの点が問題なく処理された翻訳が収集できていることを示唆しているので、人間による翻訳においてもこの点が問題ではないことが伺える。

しかし、（三ａ）と（三ｂ）のように、英語の呼格的用法で頻度が高い親しみや共感の発露としての対称詞用法（（三ａ）のmate）にはまだ対応していないことがわかる。原因としては、上述したとおり、親しみや共感の発露としての呼格用法が日本語ではまれであるため、英語で使用されていたとしてもそのまま翻訳に反映させることが難しいためであると考えられる。この場合は、以下の（四ａ）と（四ｂ）の翻訳例（筆者による翻訳）のように、日本語であれば他の方法（スタイルシフト等）で対応することによって、伝達されるポライトネス量のギャップを埋めることが可能となると考えられる。

（四 a） Can you call back later mate ?
（四 b） あとでかけ直してもらえるかな

人間による翻訳であれば、上記のような対応は一応可能である。従って、機械翻訳がこのような親しみや共感の発露としての呼格用法の使用によって生じるポライトネス量の差に対応していない理由は、翻訳を作成した人間が抱えている課題と言うよりも、対訳データとして集められている翻訳が、そもそも人間関係の距離が固定された状態で翻訳されたものであるためだと考えられる。事実、VoiceTraで対訳データベースとして初期段階から使用されているのは、主に観光地の宿泊施設、飲食店、観光案内所などで行われた大規模な自動音声翻訳技術の実証実験を通して収集された「旅行会話」である（総務省 二〇一四）。よって話し手と聞き手の関係性は「観光施設職員と観光客」など固定されたものであることが伺える。また VoiceTra は利用者が実際に使用した翻訳例のデータも随時収集して対訳データベースの一部として取り入れるシステムを採用している。従って、利用者が増えれば増えるほど対訳データベースは強化され機械翻訳の品質が高まるようになっているという（総務省 二〇一四）。しかしながら、VoiceTra 自体がそもそも「旅行会話」に特化した自動翻訳技術であるため、やはり使用される際の人間関係は、「旅行者と観光施設職員」や、「初対面の旅行者同士」など、相手との力関係や親疎関係（B&L の P、D）に関して限定的なものである可能性が高い。このため、利用者の増加に伴って対訳データベースが強化されたとしても、利用者の親疎関係に対する配慮意識（特に親しみや共感の方向への配慮意識）が十分に反映された翻訳に対応できるようになる見込みは薄い。

対訳データベースの元になる翻訳例の収集は、近年ではインターネットを経由して不特定多数の人々に作業をしてもらう「クラウドソーシング」を利用した手法が工夫されつつある（福島・吉野二〇一三）。このような手法で大規模に翻訳例や対訳データを収集する際に、翻訳例を、より様々な人間関係ごとに分類した上で、対訳データベースを構築することによって、今後上述のような問題点に対して対応が可能になると思われる。事実、クラウドソーシングを利用して対訳例を収集する際に、会話を行っている人物の社会的属性（医療スタッフと医療施設利用者等）や、どのような場面での会話か（医療施設内での会話等）といった条件を限定して対訳データを収集する試みもすでに行われている（山本・福島・吉野二〇一四、二〇一八）。これらの事例を考慮すれば、費用の面や、収集できる対訳データの量など問題点はあるものの、理論的には上述したような対訳データベースを構築することは十分に可能であることがわかる。ただし、機械翻訳の利用者が、どのような人間関係で（あるいはどのような人間関係を築きたいと思って）機械翻訳を使用するかは当然、状況によって異なると考えられる。そのため、相手との力関係や親疎関係等の言語外情報は、利用者自身が選択して入力する必要があるかもしれない。ポライトネスを機械翻訳に適切に反映させる研究を行ったSennrich et al.（2016, 39）も、ポライトネスのレベルについては、利用者が自分の希望するレベルを指定する方法を想定していると述べている。彼らが想定しているレベルは、T/V distinction

におけるTとVの二段階ほどの比較的単純なものであるようだが、利用者自身が言語外情報を選択して入力するというのは技術者側から見ても現実的な方法であることが伺える。

上記のような対訳データベースを構築できれば、「対称詞等の単語レベル」のポライトネスを機械翻訳に適用するのは可能であると思われるが、当然、「対称詞等の単語レベル」で伝達されるポライトネスは、ポライトネスという言語現象の一部に過ぎない。ポライトネスのレベルが、「文／発話行為」レベルになった場合も同じような対応をすれば機械翻訳に反映させることができるのだろうか。次項でこの点も含めて考察してみたい。

四・三 「文／発話行為レベル」のポライトネスの翻訳への適用

前項で考察したような対訳データベースを構築すれば「文／発話行為レベル」のポライトネスを機械翻訳に反映させることが可能だろうか。まずは対訳データベースを構成することになる人間による翻訳に当該レベルのポライトネスを適用しようとした場合、どのような手順になっていくのか、またどのような点が問題となりうるのかを考察していきたい。B＆L（1987）のポライトネス理論を人間による翻訳にそのまま適用できると仮定した場合、以下のような五段階を経ることになると考えられる。

（一） 起点言語における実際の発話等の確認

（二）選択されたポライトネス・ストラテジーを特定
（三）言語外情報（P、D、R等）を考慮してWxを算出
（四）目標言語文化内でのWxを算出
（五）目標言語でのポライトネス・ストラテジーを選択

B&L（1987）のフレームワークでは、Wxが異なれば表出する（選択される）ポライトネス・ストラテジーは異なることになる。前述したとおり、Rxは、特定の文化内である行為xが、どの程度負荷とみなされるかの度合いを示すため、起点言語と目標言語のそれぞれの文化において、同じ行為であってもRxの値が異なる可能性がある。同様にP、Dに関しても、たとえ同じ状況であっても各言語文化で捉え方が異なる可能性がある。そのため、（四）で目標言語文化内でのWxを、当該文化内でのP、D、Rの値を考慮した上で算出し直す必要があると考えられる。その後、算出したWxに合わせて目標言語でのポライトネス・ストラテジーを選択すればB&Lのフレームワークを反映させた翻訳が実現できることになる。

しかしながら、これはポライトネス・ストラテジーが、フェイスに対する配慮意識の表出としてB&Lがリストアップしているものだけに限られ、Wxの値のみを基にしてそれらが決定されると仮定しての話である。実際、牛江と西尾（二〇〇九a、二〇〇九b）によれば、日英（または英日）の翻訳において、B&Lが提案した五つのポライトネス・ストラテジーは、彼らが想定している

Wxの値のみを基にして決定されているわけではない可能性が高いことがわかる。英語の翻訳文（及び原文）で使用されるポライトネス・ストラテジーは相手との社会関係（P、D）よりも相手に与える負荷の重さ（Rx）で決定され、種類も様々であったのに対して、日本語の翻訳文（及び原文）で使用されるポライトネス・ストラテジーはRxよりもP、Dによって決定される傾向が強く、特にDの値が大きい関係性と、小さい関係性では、それぞれで使用されるポライトネス・ストラテジーがかなり固定的であったという（牛江・西尾 二〇〇九a、二〇〇九b）。分析対象が字幕翻訳であるため容易に一般化することはできないと牛江と西尾も認めてはいるが、この研究は、三・四項で触れたB&Lのポライトネス理論の欠点、すなわちポライトネスにおけるフェイス配慮の方略的言語行動としての側面のみが強調されてしまう点が、翻訳文の分析を通して明らかになっている例であると考えることもできる。これらの点を考慮すれば、上記（一）～（五）で示した手順のように、B&Lのフレームワークを当てはめて人間の翻訳を行ったとしても、その翻訳に反映させることができるのはポライトネスの一側面のみということになってしまう。従ってB&L（1987）が主張するポライトネス理論を、人間による翻訳にそのまま適応させることは難しいと言わざるを得ない。また、牛江と西尾（二〇〇九a、二〇〇九b）は、起点言語で使用されているポライトネス・ストラテジーが目標言語では省略されている例や、その逆に、起点言語で使用されていないポライトネス・ストラテジーが目標言語では使用されている例などが存在することを指摘している。これらの例は、起点言語には存在しているが、目標言語には存在していないポライトネス・ストラテジーが使用されている場合に（例えば日本語の敬語や終助詞の「ね」等）、そのポライトネス・ストラテジーが目標言語で省略されること、そしてそのような場合、単一の発話の翻訳のみでは起点言語と目標言語のポライトネス総量を等価にすることは難しいということの二点を示唆している。

「文／発話行為」レベルのポライトネスを翻訳に適用しようとした場合、上記のような様々な問題が生じるため、単純にP、D、R等の言語外情報を取り入れて、対訳データベースを構築・分類したとしても、ポライトネスという言語現象を総体的に反映させた機械翻訳を実現するのは難しいと思われる。これは三節で述べた「文／発話行為レベル」を分析対象とするポライトネス研究の問題点がそのまま翻訳をする際にも当てはまってしまうためである。従って、「文／発話行為レベル」を分析対象とするポライトネス研究の問題点を解決する方法として「談話レベル」を分析対象とするポライトネス研究が生まれたのと同様に、「談話レベル」のポライトネスを取り入れた翻訳、及びそれらを基にした対訳データベースの構築が必要であると考えられる。次項でこの点について考察していきたい。

四・四　談話レベルのポライトネスの翻訳への適用

前項で述べたとおり、談話レベルのポライトネスを取り入れた翻訳こそがポライトネスを総体的に反映させた理想的な翻訳であり、そのような翻訳を基に構築・分類された対訳データベースこそが機械翻訳に必要であると思われる。ではそれはどのようなものであると考えられるだろうか。「談話レベル」を分析範囲とするポライトネス研究で指摘されている点を考慮すれば、まず翻訳者が、起点言語と目標言語の双方における宇佐美（二〇〇三）が定義するところの「無標ポライトネス」、あるいはWatts (2003) が定義するところのpolitic behaviorを熟知していることが求められるだろう。宇佐美（二〇〇三）が指摘するとおり、B & L（1987）のポライトネス理論は「有標ポライトネス」のみを扱った理論である。そのため、「無標ポライトネス」まで含めて全て把握して初めてある言語におけるポライトネスの総体を把握したと言えるのである。また、そもそも「無標ポライトネス」を把握していなければ「有標ポライトネス」を認知することができないのだから、前者の把握はポライトネスを適切に反映した翻訳をするためにはまさに必須の知識であると考えられる。さらに、宇佐美（二〇〇三）は様々な「活動の型」ごとに「基本状態」が存在すると主張している。これは例えば「依頼談話」や「断りの談話」といったものであり、そのような「活動の型」ごとの「基本状態」を同定する調査研究が蓄積されていく必要があるという。このような「活動の型」ごとの「基本状態」が様々な言語で同定されていけば、宇佐美が主張する「ディスコース・ポライトネス」を反映させた翻訳も可能となるかもしれないが、現時点ではこれが実現するかどうかはまだわからない。ただもし実現したとすれば、対訳データベースを作成する際に、「活動の型」ごとにまとめる必要が出てくるだろう。先述したとおり、「活動の型」ごとに「基本状態」が存在することになるので、この作業は必須であると思われる。井出（二〇〇六）によれば、日本語は文末表現の「ました」等のモダリティ表現が豊富で、これらの表現の使用によって命題情報の他に、話し手がどのような話し手なのか、あるいはどのような場面であるのかといった情報が発話に付加されやすいという。この点を考慮すると「活動の型」ごとに対訳データベースを分類する必要がないようにも思われる。しかしながら、宇佐美（二〇〇三）がその存在を主張する特定の「活動の型」ごとの「基本状態」には「前置きの有無」などの「談話展開の典型」等も含まれるため、モダリティ表現を通して得られる分類上の情報では不十分である可能性がある。例えば、場面は会社で、会話参加者は同僚同士であるとする。これらの条件は同じであっても、「依頼談話」なのか、あるいは「謝罪談話」なのかといった「活動の型」の違いで、談話の展開等は異なる可能性がある。無論、各言語文化における様々な「活動の型」ごとの「基本状態」に関するデータが現時点でまだ不足しているためこの点については推論の域を出ることはない。しかしながら、繰り返しになるがもし仮に実現したとすれば、上記の点を考慮して、やはり「活動の型」ごとに対訳データベースを分類する必要はあると考えるのが妥当であると思われる。機械翻訳が適用される可能性がある「活動の型」の具体例として、現実的には「旅行会話」、「医者と患者の病院での会話」などが考えられる。四．二項で触れたとおり、山本他（二〇一四、二〇一八）による研究においては、病院での医者と患者による「診療」という場面における対訳データの収集がアウトソーシングを利用して実際に行われている。上記の例は、まだ談話と呼べる長さの内容ではないが、「活動の型」や話し手と聞き手の社会的属性及び関係性（P、D）、さらには各言語文化におけるある行為の負荷度（Rx）ごとに翻訳例を分類して対訳データベースを収集することも、同様の手法を工夫していけば不可能ではないだろう。そして、「活動の型」に加えて上記のP、D、Rごとに分類された対訳データベースを活用した機械翻訳を利用する際には、どの「活動の型」であるかということ、及びどのような社会的属性や関係性であるかということを、利用者が指定した上で利用するのが比較的現実的であると思われる。これは、機械翻訳を行うコンピュータには、人間と同じようにそれらを判断することは難しいと思われるためである。

四・五　言語外情報としてのP、D、Rと「活動の型」

以上、四節において、機械翻訳へのポライトネス研究の適用を実現するために、主に人間が翻訳する際に課題となりうる点を考察し、それに基づいてより適切にポライトネスが反映された対訳データベースを構築する手段を検討してきた。そのような対訳データベースを構築するためには、B&L（1987）が提案したP、D、Rなどの社会的要因としての言語外情報を基に対訳データベースの元になる対訳データを収集及び分類する必要があるのではないかということを指摘した。ただし、この情報だけでは、ポライトネスの一側面しか反映させることができない可能性が高い。そのため、このような情報に加えて、「活動の型」ごとにおいても対訳データベースを分類する必要が生じる可能性も指摘した。これは、そうすることによってある状況や人間関係における典型を把握することが可能になり、結果として「無標ポライトネス」や politic behavior などを含めたポライトネスの全体像を反映した機械翻訳が可能になると推察されるためである。

ただ、これらの尺度に基づいて対訳データベースを分類したとしても、機械翻訳の利用者が、現実にどのような人間関係（主にP、Dの値）においてどの「活動の型」に参加するのかはコンピュータには判定できないため、現時点では、利用者によるこれらの外部情報の入力は必須である可能性が高い点も指摘した。

五　おわりに

本章では、まず実用的な機械翻訳が日常生活に導入されるにあたって、その際に必須となるポライトネスという要素がある点を指摘した。ただ、ポライトネスの研究はその定義やアプローチが種々様々であり、研究者によって統一的な見解が示されていないのが現状である。そのため、本章で機械翻訳に当てはめる際に適切と思われるポライトネスの定義を確定するために、現在までのポライトネス研究をその分析範囲を基準として分類しその妥当性を検討した。その結果、「談話レベル」を分析範囲としなければ、ある言語におけるポライトネスを十分に記述することはできないとの結論に至った。そして「談話レベル」を分析範囲として機械翻訳に適用されるべきポライトネスの定義を決定した。その定義を基に、機械翻訳へのポライトネスの適用可能性とその課題を探るために、人間による翻訳にポライトネスを反映する際の問題点などを検討した。

その結果、ポライトネスは言語形式の丁寧度等だけの問題ではないために、社会的な地位関係や親疎関係等（B&LのP、D、R等）のポライトネスに関わる言語外情報を考慮に入れた対訳データベースを構築する必要があることや、そのような言語外情報を、機械翻訳の利用者自身が指定する必要があることなどを指摘した。加えて、「活動の型」などの基準によっても対訳データベースを分類する必要がある点も指摘した。これらは現在の機械翻訳の技術を考慮して導き出した推察であるが、中澤（二〇一七、三〇二）による以下のような指摘もある。

NMTでは最初の入力文と最後の出力文以外の部分はすべてベクトルのような数値で表現されており、翻訳の過程は数値の足し算や掛け算で実現されている。モデル自体は非常にシンプルになり使いやすくなったのだが、翻訳の過程の解釈は困難、もしくは不可能である。

上記の指摘を考慮すると、必要な量の情報をコンピュータに提供すれば、システム上で自動的に分類できるようになる可能性もあるかもしれない。NMT自体まだ発展途上の技術であり、その可能性は計り知れない側面がある。そのため、この点については実際に多様な対訳データを提供した際に機械翻訳でどのような翻訳が可能になるのか、今後の研究の進展を注視していく必要があるだろう。

ポライトネスの研究自体が、今なお議論が多い分野であり、どのようなアプローチを選択するとしても更なる研究が必要である。しかしながら、「談話レベル」のポライトネス研究の有用性についてもあらためて明らかとなったので、今後はこの分析範囲でのポライトネス研究が望ましいだろう。先述した事情もあり機械翻訳に適用するには、まだまだ多くの課題が残ることは否定できないが、本章で提案したような対訳データベースを構築することができれば、将来的にはポライトネスが適切に反映された機械翻訳が実現するかもしれない。現実的には、対訳データを大量に収集することだけでも現在の機械翻訳において大きな課題であるため、上記のような基準に沿って対訳データを収集することや、それらを基に対訳データベースを構築することは現時点では難しいとは思われる。しかしながら、探索的研究として、一部の「活動の型」の対訳データベースを作成する試みや、それらを分析することは将来的には有用である可能性が高い。また、これらの研究を機械翻訳に適用していくことによって、そこから得られる知見がポライトネス研究自体に資する点もあるかもしれない。

comment

▼羽成論文へのコメント

生田少子

このところの機械翻訳の発展は、素人目にも目覚ましい。つい一〇年ほど前の機械翻訳といえば、飛びついてはみたものの実用レベルではとても「使えない」代物だった。ましてや話し言葉の対面コミュニケーションレベル、とくにインタラクティブ（interactive）なやり取りのコミュニケーションにおいては、「使える」ようになるにはまだまだ先のことと思っていたら、あれよあれよという間にテクノロジーは進化している。望むらくは、そのようなコミュニケーションに不可欠なポライトネスまで踏まえた進化である。そのために何が問題で何が必要なのか、この羽成論文は緻密に鮮明に解き明かしてくれた。

まず第二節での、機械翻訳の発展と現状についての記述は簡潔ながらも、以降の議論の基盤として過不足ない。ここで述べられているような機械翻訳の性能向上の目覚ましさを考えると、ポライトネスについての理解が喫緊の課題であることが実感できる。第三節で明らかにされるように、インタラクティブな対面コミュニケーションにおいてポライトネスに基づく言語使用は不可欠だからだ。

第三節では、複雑で多種にわたる言語ポライトネスの概念が、とくに翻訳に必要な言語文化間

comment

の相違点に対する理解に資するよう、基本的なものから秩序よく整理され論じられている。しかし、それでもカバーしきれないのが、対象の複雑さと深さであり、それゆえのこの分野の研究範囲の広さでもある。本文でも触れられている研究の他にも談話レベルで日本語のポライトネスを扱ったものとしてはM.Houghらの談話のアプローチ（discursive approach）による取り組みもある。すべてをカバーすることはもとより不可能であるが、これからの機械翻訳にとって談話レベルのポライトネス理解が不可欠であるとする本論文の主張するところは、まさに的を射たものである。

全体として論旨の展開はよく練られていて破綻がないが、細かい点で多少の改善点はある。たとえば、第三節四項で、言語ポライトネスの研究者にとっては常識的で容易なB&Lのポライトネス・ストラテジーの選択肢の表記についてである。一～四はFTAを実行する場合であり、五はFTAを避けて行わない場合であるがその点（一～四は行う）が、言語ポライトネスの研究者以外には不明確ではないだろうか。

第四節二項では、VoiceTraによる翻訳の例が挙げられており、現時点の実用レベルでの機械翻訳の到達点と問題点がわかりやすく示されている。ポライトネス関連では（二a）（二b）で英語の呼格用法が鮮やかに処理される例を見ることができる一方、（三a）（三b）で問題が明らかにされる。この点について、羽成はスタイルシフト等で対応するという方法を解決策として挙げ、（四a）と（四b）で例示している。英語では呼格用法によって言語化されるポライトネスに、日本語のスタイル（speech level）による差異を用いて対応させるという処理方法を提示している

comment

のだが、これは日英語間のポライトネスの翻訳には非常に有用な方法である。

ただし、（四a）と（四b）の例に関してより厳密に言えばここは、「スタイル」あるいは「スタイルの選択」とする方が正確であろう。スタイルシフトはむしろ、談話レベルのポライトネスの翻訳で生きてくる。そこで、場合によってはスタイルシフトでポライトネスの度合いを調整し言語間のポライトネスのバランスを調整するということも可能になるのではないかと予想される。スタイルシフトは日本語の談話ポライトネスに不可欠な手段の一つだからである。

まさに第四節四項以降で論じられているような、談話レベルでのポライトネス研究およびそれを機械翻訳に反映させる方法を考察することこそ、今後必要な取り組みであろう。そこで「活動の型」毎に対訳データベースを分類し蓄積する必要があるという羽成の指摘は的確かつ重要である。欲を言えば、そのような点についても例示しつつ考察できれば、なお充実した議論ができるだろう（談話レベルであるだけに紙数の制約からもそれは困難であるのは明白なので、この点は今後に期待したい）。

また、当該論文の範囲外であるが、日常レベルの社会的インタラクションにおける実用的な機械翻訳の実現のためには、音声言語の翻訳ならばプロソディー（prosody）もポライトネスに大いに関わってくるはずである。また昨今関心の高まっているインポライトネス（impoliteness）の研究成果は機械翻訳にどう反映できるか等も視野に入れ考察を深めれば、より包括的にポライトネスを扱えることとなろう。

いずれにしても考慮すべき点、構築すべき対訳データベースはあまりに膨大である。当面は、Sennrich et al.（2016）のような方法を談話レベルにも応用し、機械翻訳の利用者自身が言語外情報を指定するという方法を羽成は提案しているが、それは機械翻訳におけるポライトネス処理へのきわめて合理的で現実的な対応策の一つであろう。今後とも機械翻訳の発展を注視しつつ、言語ポライトネスについて機械翻訳で処理できる点、できない点、利用者が補完すべき点などをさらに解明し、そのうえで補完するための具体的方法の開発・提案ができるような研究の進展を期待したい。

response

▼生田コメントへの応答

ポライトネスを機械翻訳に反映させるということ
――付加的要素を含めた方法論の再検討

羽成拓史

はじめに

すでに述べた通りであるが、機械翻訳が私たちの日常生活に広く普及した社会は決して遠い未来のことではない。ニューラル機械翻訳（NMT）に代表される根幹的な技術の発展に加えて、

response

機械翻訳を活用するためのデバイスもますます小型化し、携帯が容易になってきており、インタラクティブな対面コミュニケーション場面で機械翻訳を利用した経験をもつ人も既に一定数いることだろう。今後、機械翻訳が私たちの日常生活にますます普及していくと思われる現状を鑑みれば、ポライトネスと機械翻訳の関わりを議論することは、極めて重要であることは間違いない。

本章前半での議論を、生田の指摘を踏まえて補足するために、ここではまず、一節において談話レベルの対訳データを収集・蓄積する手法について改めて検討する。次に二節で「インポライトネス（impoliteness）」を機械翻訳に反映させることについて、そして最後に三節で「プロソディ（prosody）」というポライトネスを構成する要素と機械翻訳について考察する。

一 「活動の型」毎の談話レベルの対訳データの収集方法

あらゆる対面コミュニケーション場面において、ポライトネスに基づく言語使用は不可欠なものであり、それらの場面で使用される機械翻訳には、そのような言語使用が適切に反映されていなければならない。このポライトネスという複雑な言語現象をできるだけ包括的に分析し、記述するためには談話レベルの会話データが必要不可欠であることはすでに述べた通りである。従って、ポライトネスを適切に反映させた機械翻訳を実現するためには、そのような談話レベルのデータに基づいて記述されたポライトネスを機械翻訳に反映させる手法を考察することが必須である

response

と言える。

機械翻訳の精度向上のためには、大量の対訳データが必要である。このため、本章前半では、クラウドソーシングを利用して談話レベルの対訳データを「依頼談話」や「謝罪談話」などの「活動の型」毎に収集する方法を提案した。本節では、このような「活動の型」毎の談話レベルの対訳データの収集方法として、他にどんな方法が考えられるのかということに加えて、それらのデータを収集する際に注意しなければならない点などについて改めて考察してみたい。

談話レベルの対訳データを収集するのであれば、自然会話を、「依頼談話」や「謝罪談話」などの「活動の型」毎に記録し、さらに翻訳したものを大量に収集するのが理想的である。このような会話データに近いものとしては、談話レベルの会話データを分析対象とする「談話分析(discourse analysis)」の手法を採用している研究で提示されている会話データが考えられる。このようなデータは、分析対象とする言語の元データに対して、論文執筆で使用される言語による翻訳が付記される形式で提示されることが多い。以下に（1）としてそのような会話データの例を示す。

（1）

1 Kato：社会人が一年目っていうのはかなりきびしいもんがありませんでしたか？

'Wasn't it pretty tough in your first year in the workforce?'

2 Nakane：社会人・・・そうですね。うん、何年目も厳しかったけど・・・（笑い））

'Working person…yes, well…whatever year I was in, it was touch…[laughter]'

3 Kato：あれはそうですか。

'Is that right?'

4 Nakane：いつまで経ってもなんか慣れなかった、私とかは。

'I just haven't got used to it, no matter how much time passes.'

5 Kato：うん・・なんか、朝決まった時間に起きて・・・

'Yeah, you have to get up at a set time every morning…'

6 Nakane：そうですよね。

'That's right huh?'

（Haugh and Obana 2011, 170-171 より部分的に抜粋）

このような会話データを使用することには当然著作権等の問題があるが、そこをクリアできれば、談話レベルのデータを分析対象とするポライトネス研究におけるアプローチの一つである「談話的アプローチ（discursive approach）」の研究も近年増加してきているため、ある程度の量を収集することは可能であると思われる。

次に、このような対訳データとして、映画やドラマあるいは小説などの会話場面の翻訳例を「活動の型」毎に大量に収集するという方法が考えられる。当然これらの素材には、表示時間や文字

response

数などの制限があることや、著作権をどうするかといったことに加えて、自然会話ではないという問題点がある。しかしながら、目標言語の母語話者である視聴者や読者から見て、決して「不自然ではない」場合が多いと想定される。よって対訳データとして利用することは可能であろう。

ただし、上述したようなものを対訳データとして収集する際に、考慮しなければいけない点が一つある。それは、翻訳者や翻訳研究者が指摘する「翻訳ストラテジー」の違いである。Venuti(1995)によれば、翻訳ストラテジーは大きく「異質化（foreignization）」と「受容化（domestication）」という二種類に分類することができるという。前者は翻訳する際に、起点言語文化の異文化的特質を翻訳の中にそのまま残す翻訳ストラテジーであり、後者は起点言語文化の異文化的特質を目標言語文化に即して順化させ、なるべく目立たないようにする翻訳ストラテジーであるという。翻訳における起点言語文化の異文化的特質の中には本章前半でも触れたような、当該起点言語文化内には存在するが目標言語文化内には存在しない（あるいは非常にまれな）ポライトネス・ストラテジーの使用なども当然含まれていることになる。この点を考慮すると、研究論文の会話データや、小説、映画等の翻訳を対訳データとして収集するのであれば、当然「受容化」の翻訳ストラテジーが採用されているものが望ましい。商業翻訳においては「受容化」の翻訳ストラテジーが採用されていることが多いため、小説、映画等の翻訳を対訳データとして用いる場合にはこの点についてあまり神経質になる必要はないかもしれない。しかしながら研究論文等の会話データを使用する場合は、当然、「受容化」の翻訳ストラテジーが採用されていないことも多々あると想定される。そのため、この点に十分に注意を払う必要があるだろう。

二　インポライトネスと機械翻訳

「意図的なフェイス侵害行為」としてのインポライトネス

インポライトネスとは、Culpeper（1996）によれば、「相手のフェイスをないがしろにする行為」であり、相手の「フェイス侵害（face loss）」を目的として、意図的にそのような行動を行うかもしくは相手に起こり得るということを気づかせる言語行動（Culpeper 2008,36）であるという。具体的には侮辱・暴言・脅しなどがある。Bousfield（2008）もまた、インポライトネスは、何らかの意図をもって、不必要かつ対立的な「フェイス侵害行為（ＦＴＡ）」を実行することから構成されるとしている。インポライトネスの研究は現在、彼らを中心に行われていると言えるが、彼らによる定義を端的にまとめればインポライトネスとは「意図的に相手のフェイスを侵害する、あるいは侵害しようとする行為」であることになる。

上述の定義によるインポライトネスは、Brown & Levinson（1987, 以下Ｂ&Ｌ）によるポライトネス研究の枠組みにおいては自動的に排除されているものであると言える。彼らは、会話という相互行為に参加する人物（話し手と聞き手）を「MP（Model Person）」という実際にはあり得ないような協調的人物であると仮定している。このＭＰにとって互いのフェイスを保つことは、

response

相互利益にかなうことであるという。よって、「意図的に相手のフェイスを侵害する、あるいは侵害しようとする行為」であるインポライトネスをMPが選択することは、B&Lの枠組みにおいてはありえないことなのである。

本章前半でも、このようなコミュニケーションの「負の側面」をあえて機械翻訳に反映させる必要はないとした。また、観光や国際会議、病院でのやり取り等の、現実的に機械翻訳を介した対面コミュニケーションが行われる可能性がある場面において、前述した定義のインポライトネスに類する言語行動が頻出することはやはり考えにくい。

しかしながら、このような言語行動が私たちのコミュニケーションの一部であることは事実であり、機械翻訳を介して行われるコミュニケーションの範囲がさらに拡大していけば、将来的にはこのような言語行動も考慮した機械翻訳が必要になる可能性はあると言える（筆者自身は、侮辱や暴言であれば知りたくないし、相手にも伝わらないでほしいと思ってしまうが）。

「意図的ではないフェイス侵害行為」としてのインポライトネス

前述した通り、現在や近い将来において、機械翻訳が使用される可能性が高い対面コミュニケーション場面では、侮辱や暴言などの意図的に相手のフェイスを侵害する行為が行われる可能性は低い。このため、現時点ではそれらの言語行動を機械翻訳に反映させることを目指す必要性は低い。しかし、インポライトネスが、「意図せずに相手のフェイスを侵害してしまう言語行動」を

response

含むものであると考えれば、上記のような場面を含めた一般的な対面コミュニケーション場面で生じることは自然であり、その頻度も低くない。宇佐美（二〇〇八）は、自らが提案する「マイナス・ポライトネス」の定義に基づくインポライトネスを、ポライトネス研究で統一的に扱うとしている。この「マイナス・ポライトネス」とは「円滑な人間関係の確立・維持のために機能しない言語行動」、あるいは「円滑な人間関係の確立・維持を意図しない言語行動」によって生み出されるものであるという（宇佐美二〇〇二、一〇三‐一〇四）。この宇佐美による定義でインポライトネスを捉えれば、「意図せずに相手のフェイスを侵害してしまう言語行動」もそこに含めることができる。

上記の観点から、インポライトネスを機械翻訳に反映させるのだとすれば、「意図的に相手のフェイスを侵害する、あるいは侵害しようとする言語行動」としてのインポライトネスではなく、「意図せずに相手のフェイスを侵害してしまい、結果として円滑な人間関係の確立・維持のために機能しない言語行動」としてのインポライトネスをまずは対象とするのが妥当であろう。よってここからは、インポライトネスを後者の定義による言語行動であると限定して、機械翻訳との関わりを考察してみたい。

response

三　「基準」を設定する際の指標としてのインポライトネス

まず、すでに述べた通り、特定の対面コミュニケーション場面における話し手によるある言語行動が、ポライトネスとなるかインポライトネスとなるかは、聞き手の判断次第である。その判断の「基準」となるのが宇佐美（二〇〇三）の「無標ポライトネス」や Watts (2003) の「Politic behavior」という概念である。これらの「基準」を同定するためには、分析対象となる各言語の談話レベルのデータを収集し、その中に含まれる個々の発話が、聞き手からポライトネスと判断されたのかインポライトネスと判断されたのかといったこと等についても分析をした上で、それらのデータを蓄積していく必要がある。つまり、機械翻訳に適切に談話レベルのポライトネスを反映させるためには、ポライトネスと判断された言語行動とインポライトネスと判断された言語行動のいずれか、あるいはその両方を含む談話データを収集した結果、同定することができる（と想定される）聞き手の判断の「基準」をＡＩに学習させる必要がある。

このように考えてみると、談話レベルのデータに基づいて記述されるポライトネスを、機械翻訳に組み込むためには、そもそもインポライトネスと判断された言語行動を含むデータが必要であることになる。機械翻訳においては、インポライトネスという「負の側面」を聞き手に翻訳文として直接的に示す必要はないかもしれない。しかし、どのような言語行動がインポライトネスとして聞き手に判断されるかをＡＩが理解するためには、その「負の側面」の分析を通して導かれうる「基準」が必要なのだ。要するに、談話レベルのポライトネスを機械翻訳に適切に反映させることができた場合、「意図せずに相手のフェイスを侵害してしまう言語行動」としてのインポライトネスは、自動的に機械翻訳に反映されていることになっていると考えることもできる。インポライトネスの研究は比較的近年になって活発になってきたものであるため、その解釈や、ポライトネス研究にどのように組み入れるべきかという点に関してはまだ議論が尽きない。しかし上記の考察が正しいと仮定すれば、機械翻訳にポライトネスを反映させるためには不可欠な要素であると言えるかもしれない。

四　プロソディと機械翻訳

まず、「プロソディ（prosody）」とは、言語学においては一般的に、発話の高さ、速さ、強さなどのパラ言語と、アクセント、リズム、イントネーション、ポーズなどの音声の韻律的特徴をまとめたものを指す。プロソディとポライトネスの関連性についてはＢ&Ｌ（1987）も詳細にではないが触れており、Corum（1975）で報告されているバスク語の「口蓋音化（palatalization）」がポジティブ・ポライトネスに使用される例などを紹介している。比較的近年の日本語を対象とした研究（洪 一九九三、Ofuka et al. 2000）によれば、丁寧な発話は「持続時間が長い」「ピッチ

response

が高い」「文末母音が長い」などの音声特徴が、聞き手による発話の丁寧さの判断に影響を与えているとの指摘もあり、対面コミュニケーションにおけるポライトネスの実現にプロソディが関わっていることは大変興味深い。

当然、機械翻訳にポライトネスを完璧に反映させようとすれば、この点についても考慮しなければいけないだろう。将来的に、音声認識などの機械翻訳に関わる技術がさらに高度化していけば、上記のような研究によって明らかとなったプロソディとポライトネスの関係を、機械翻訳に適切に反映させることが可能になるかもしれない。ただし、現時点では、近年目覚ましい向上が見られるとは言え、様々な言語で発せられた発話をとりあえず文字通り正確に認識する技術でさえ発展途上である。それゆえ、上記のような機械翻訳の実現がいつのことになるのかは定かではない。しかしながら、プロソディが対面コミュニケーションにおけるポライトネスを構成する重要な要素であることは間違いないため、今後の技術発展を注視しながら、将来的には実現できることを期待したい。

最後に

機械翻訳にポライトネスを適切に反映させるためには、膨大な作業と時間を要することが改めて明らかになった。これは、談話レベルのデータに基づいてポライトネスを完全に記述すること

response

自体がまず容易ではないため無理からぬことだろう。しかしながら、どちらとも容易ではないが実現を目指す価値があると筆者は強く信じている。今後もポライトネス研究の視点から機械翻訳技術の発展を見守りたい。

恐れ入りますが、切手をお張り下さい。

〒113－0033

東京都文京区本郷

2－3－10

お茶の水ビル内

（株）社会評論社　行

おなまえ　　　　　　　　　　　　様

（　　　　才）

ご住所

メールアドレス

購入をご希望の本がございましたらお知らせ下さい。
（送料小社負担。請求書同封）

書名

メールでも承ります。　book@shahyo.com

今回お読みになった感想、ご意見お寄せ下さい。

書名

メールでも承ります。 book@shahyo.com

第二章　機械翻訳の限界と人間による翻訳の可能性

瀬上和典

一　はじめに

Google 翻訳や Bing 翻訳など無料で利用できる機械翻訳の精度がますます高まり、大多数の人間が機械翻訳の恩恵を受けられる状況が広がりつつある昨今、一般論として「人間による翻訳は無くなるのではないか」(注1)という言説が人口に膾炙している。例えば、人工知能の研究者である松尾豊（二〇一五）は、二〇二五年には「機械翻訳も実用的なレベルに達するため、『翻訳』や『外国語学習』という行為そのものがなくなるかもしれない」（松尾 二〇一五、二二一）と述べている。ほかにも、実業家として有名な堀江貴文が自身の YouTube の番組にて、翻訳の仕事をしている視聴者より「いつか翻訳者がいらなくなるくらい（自動翻訳の）精度が上がる日は来るのでしょうか」という質問をピックアップし、翻訳者という仕事について「なかなか厳しいと思いますよ、正直言って。相当レベル高い人でないと」と回答している。[注2]　インターネット上ではその他にも、機械翻訳と人間による翻訳に関する議論やエッセイなど数多く読むこともできるが、こうしたことは人々が機械翻訳の社会に及ぼす影響に関心を寄せていることの証左であろう。

技術革新によって人々の日常生活や労働のあり方に大きな変化が訪れることは、自明のものであるといってよいであろう。[注3]　過去の例を見てみると、産業革命以前と以降の労働形態の変化（家内制手工業から工場制機械工業へ）などはその典型であり、一般に理解しやすい例である。現在でも、すでに統計的機械翻訳とニューラル機械翻訳（ディープラーニングを用いた機械翻訳）の台頭により、翻訳家の仕事のあり方は近年大きく変わってきている。例えば、辞書だけでなく翻訳ソフトまで翻訳家のツールとして用いられていることは常識となっているし、[注4]　機械翻訳によって出力された翻訳物をブラッシュアップさせる（postediting）ポストエディターという職種も翻訳などに関わる求人では一般的なものになっている。こうした現実を見てみれば、機械翻訳が仕事の一部を肩代わりするという形で翻訳家の労働環境にすでに変化が起こっていることは間違いないことがわかる。

本章は、以上のような社会的状況を踏まえ、「人間による翻訳は機械翻訳によって淘汰されるのか」という問いを検討することを目的としている。具体的には、現在主に開発・利用されている統計的機械翻訳とニューラル機械翻訳の特徴と限界を押さえたうえで、トランスレーション・スタディーズにおいて研究対象となっている一部の翻訳の方法論を参考にして、人間による翻訳の可能性を探ってみたい。

二　機械翻訳の未来

二・一　機械学習による「通訳・翻訳家」の未来予測

機械翻訳の具体的な概要やさきほどの問いに対する機械翻訳の研究者たちの見解に立ち入る前に、二〇一四、二〇一五年にここ日本でも大きな話題を呼んだ、[注5]機械学習（Machine Learning）の研究者であるCarl Benedikt FreyとMichael Osborneによる未来の雇用予測の研究に目を向けてみよう。Frey and Osborne（2013）は、アメリカ国内・七〇二もの職業を、機械化のボトルネックとなる「認知力と巧みな操作（Perception and Manipulation）」、「創造的知力（Creative Intelligence）」、「社会的知力（Social Intelligence）」という三つの変数を用いて分析し、「〇」から「一」のスコアで機械化されうる可能性を数値化している。スコアの最高値である「一」は当時の機械で十分に機械化することが可能であることを、最低値である「〇」は不可能であることを示している。またFrey and Osborne（2013）は、スコアの〇・七と〇・三に閾値を設定し、機械化のリスクのある職業を数値の高い順に「高・中・低」とカテゴライズしている。特にスコアが〇・七以上の（ハイリスクに分類される）四七％の職種については一〇～二〇年の間に機械化される可能性があるとしている。

例えば、リスト中で最も機械化の可能性が低いものとしては「レクリエーション療法士（Recreation Therapists）」となっており、その近くでは教育や医療関係の職業が目立つ。機械化の可能性の中・低の閾値となる〇・三のスコアを出しているのは、「生物学技術者（Biological Technicians）」、「医療アシスタント（Medical Assistants）」、「動物学者と野生生物学者（Zoologists and Wildlife Biologists）」、「（家庭内）調理師（Cooks Private Household）」である。また、高・中の閾値となる〇・七のスコアを出しているのは、「（政府計画の）資格面接官（Eligibility Interviewers Government Programs）」、「タイヤ修理・交換員（Tire Repairers and Changers）」、「食品加工工場の作業員（Food Batchmakers）」、「航空電子工学技術者（Avionics Technician）」となっている。最後に、機械化の可能性が最も高い〇・九九のスコアを出している職業には「図書館技術者（Library Technician）」、「税務申告代行者（Tax Preparers）」、「腕時計修理者（Watch Repairers）」、「電話販売員（Telemakers）」などがある。

このリストの中で「通訳・翻訳家」は〇・三八というスコアを与えられており、機械化される可能性としては「中（medium）」の範疇にある。同じスコアを出している職業は、「（発電所、変電所、継電器の）電子機器類修理員（Electrical and Electronics Repairers Powerhouse Substation and Relay）」「測量技師（Surveyors）」、「機械工学技術者（Mechanical Engineering Technicians）」、「（手作業での）荷造り、梱包などの作業員（Packers and Packagers Hand）」がある。また、野村総合研究所は Frey and Osborne（2013）の研究に基づき、日本国内の六〇一の職業について独自の分析を行っており、「人工知能やロボット等による代替可能性が高い一〇〇種の職業」と「人工知能やロボット等による代替可能性が低い一〇〇種の職業」を二〇一五年にニュースレターという形で発表しているが、その

どちらにも「通訳・翻訳家」は登場していない。(注6)

これらのスコアはあくまで技術的な観点からの潜在的な評価であり、スコアが高いから必ず機械化されるというわけではないことをFrey and Osborne（2013）は喚起している。二人によれば、ある職業が実際に自動化されるか否かは、安価な労働力の需給状況、資本金の潤沢さ、法規制や政治的活動、予測の困難な技術の進歩など、様々な要因が絡んでくるという。「通訳・翻訳家」と同スコアを出しているその他の職業と比較した場合、そこに共通した技術が明白に見て取れるわけではないし、それぞれが属すであろう産業についても共通項が簡単に認められるものでもない。Google翻訳やBing翻訳などのおかげで、機械翻訳はその進歩を身近で感じやすい分野であるがために、「近い将来機械翻訳が完成し、職業人としての通訳・翻訳家はいらなくなるのではないか」と想像しやすいであろうが、機械学習の雇用に関する研究とそれに基づく経済界の雇用調査からは、実際のところそういう想像が妥当であるかは判然としない。

二・二　自然言語処理・機械翻訳研究者たちの見解

次に、実際に機械翻訳の研究・開発を行っている自然言語処理（NLP）という分野に目を向けてみよう。機械翻訳を研究・開発している当事者たちは、「機械翻訳の完成」や「将来の通訳・翻訳家不要論」といった言説についてどのように考えているのであろうか。

例えば、フランス国立科学研究センターの研究所長で、フランス国立研究センター、高等師範学校、パリ第三大学（新ソルボンヌ）が資金を提供しているLATTICEという言語学研究所所長でもあるThierry Poibeau（2017）は、ニューラル機械翻訳が今後急速に進歩することを指摘しつつも、翻訳の「自動システムが人間の翻訳に取って代わることはない。そのようなことは目標でもなければ望ましい結果でもない」（Poibeau 2017, 255）とはっきり断言している。特に、「取って代わることはない」という部分の原文は、"will of course not replace…"となっており、かなり強い断定の調子を持っている。また、Poibeau（2017）は同著の第二章において、言語そのものの難しさを指摘しつつ、機械翻訳の開発者たちが言語そのものの難しさゆえに文学的テクストは避け、ニュース記事や技術書などに対象を絞っていることも指摘している。

具体的にPoibeau（2017）は、ニューラル機械翻訳が人間の翻訳に取って代わることがないとする根拠として「未知の単語（unknown words）」、「長い文（long sentences）」、「最適化（optimization）」などの課題を挙げている。ニューラル機械翻訳はあくまで既存のデータを機械自身が学習して翻訳精度を高めることを前提としているので、目的言語（target language）において未知の単語を起点言語（source language）から創造的に訳すことは不可能である。[注7]「長い文」の処理や「最適化」は従来の統計的機械翻訳でも問題とされていたが、特定の用途に限った翻訳においては人間の手でパラメータやモジュール（ルールや知識）を設定することである程度の解決がみられるようになっている。しかし、ニューラル機械翻訳ではあくまでも問題解決のためのパラメータやモジュールを機械翻訳自身が特徴量（特徴表現）として学習し、適用しなければならず、依然として複雑で長い文の翻訳は統計的翻訳のほうが精度が高いようだ。ただし、統計的機械翻訳も「性・数・格・人称」などの「一致（agreement）」「等位（coordination）」「代名詞照応（pronoun resolution）」など様々な言語で頻繁に見られる現象には全くといってよいほど対処できていないようで、その解決の糸口さえも今のところは掴めていない。(注8)

国内の人工知能やＮＬＰの分野でも、言語の複雑さに由来する機械翻訳の限界が指摘されている。例えば、松尾（二〇一五）が二〇二五年には翻訳という行為がなくなるかもしれないという展望を述べていることを冒頭で紹介したが、当の松尾（二〇一五）も同じ著書の中でその機械翻訳の難しさをGoogle翻訳の実例を示したうえで次のように述べている。

単純な一つの文を訳すだけでも、一般常識がなければうまく訳せない。ここに機械翻訳の難しさがある。一般常識をコンピュータが扱うためには、人間が持っている書ききれないくらい膨大な知識を扱う必要があり、きわめて困難である。コンピュータが知識を獲得することの難しさを、人工知能の分野では「知識獲得のボトルネック」という。（松尾二〇一五、一〇三）

自然言語処理を専門とする奥村学（二〇一四）も同様に機械翻訳の限界を明確に指摘している。翻訳自体、そもそも人間であっても言語外の知識を要求される、非常に難しいタスクであるため、

「全自動高品質翻訳を機械翻訳の目標にしてはいけない」とされている。たとえ高度な目標を設定していなくとも、ある特定の用途で求められている翻訳の品質を達成しているのか、その基準となる指標が求められる。また、システムのある要素技術を改善したとき、その改善がどの程度翻訳の品質に貢献しているのか、その進捗を測る必要がある。翻訳結果の品質評価結果がまったく異なることがあり、この違いが、実際に機械翻訳システムが用いられる用途に影響を与えるかもしれない。(奥村二〇一四、三八)

奥村(二〇一四)の指摘は統計的機械翻訳の概説本においてなされたものであるが、ニューラル機械翻訳を前提としていた Poibleau(2017)の結論とも共鳴している。両者に見られる「全自動高品質の機械翻訳の完成」に対する悲観的な態度は、機械翻訳研究のパイオニア的存在である Yehoshua Bar-Hillel(1970)の認識を引き継いでいる。例えば、Bar-Hillel(1970)は語用論(pragmatics)の視点から、「高品質の機械翻訳が可能となるのは、翻訳メカニズムが、適切な意味で、翻訳されるテクストを理解できたときに限られる」(73)と述べ、現実的に研究すべきは、「(一)機械の支援を伴う人間翻訳、(二)人間の支援を伴う機械翻訳、(三)低品質の自動機械翻訳」(75)としている。現在と比較してコンピュータの処理技術が圧倒的に低い一九五〇年代から六〇年代に機械翻訳の研究をけん引した Bar-Hillel の認識が現在でも引き継がれていることは、いかに機械翻訳が難しいものであるかを物語っているといえよう。

以上のように、人工知能やNLP、そしてニューラル機械翻訳などの立場では、今後の機械翻訳の精度向上には大きな期待が持てるが、それでも克服すべき課題は多く、完璧な機械翻訳を期待するのは現実的ではないといった認識が共有されている。もちろんGoogle翻訳に代表される機械翻訳の発展は目覚しいものがあり、(注9)今後人々の日常生活における異言語間のコミュニケーションや通訳・翻訳家などの職業のあり方に大きな影響を与えることは間違いない。しかしながら、人工知能やNLPといった専門分野の研究者の見解を素直に受け止めれば、まだまだ「人間による翻訳」には大きな役割が残されていることが想像できる。次に、この「人間による翻訳」の可能性を探るために、「人間による翻訳」に関する知の蓄積であるトランスレーション・スタディーズの特徴と機械翻訳に対する態度を確認しよう。

三　トランスレーション・スタディーズと機械翻訳

三・一　トランスレーション・スタディーズとは

トランスレーション・スタディーズは一九七〇年代に西欧で生まれた学問で、グローバリゼーションが進む中でますます活発に研究が進んでいる学問領域である。厳密に言えば、翻訳という行為自体は古い歴史を持ち、とくに「最善の翻訳」の追求という意味での翻訳の研究はキケロの時代にまで遡ることができる。大雑把にいえば、現在の形のトランスレーション・スタディーズが登場する一九七〇年代までは、主にRoman Jakobsonが提唱した等価（equivalence）[注10]という概念に基づき、直訳（逐語訳）と自由訳（意訳）のどちらが優れているかという問いや正確な翻訳の方法論などに焦点を当てた議論がなされてきた。そして、一九七〇年代に「文化的転回」と呼ばれる重要な転換点を迎える。これ以降、カルチュラル・スタディーズの隆盛と連動する形で、翻訳行為の裏にある不平等な権力構造を暴き出そうとして、「テクストとしての翻訳から文化と政治としての翻訳へ」（Munday 2009, 196）とトランスレーション・スタディーズの研究対象が変化した。[注11]さらに、Chengzhi and Hui（2015）によれば、トランスレーション・スタディーズはこの「文化的転回」を契機として発展した研究以外にも、一九九〇年代以降のコンピュータなどの急速な技術革新やグローバルな翻訳産業の隆盛に伴う翻訳行為の大きな変化を「技術的転回」と名付け、翻訳ソフトの発展の歴史や人間を主体とした翻訳行為における翻訳ソフトの果たす役割などの研究も盛んにおこなうようになっている。ただし、この「技術的転回」に焦点を当てた研究でも、その中心は既存の翻訳行為や特に職業人としての翻訳者を取り巻く環境の変化に重点が置かれており、自然言語処理を中心とした機械翻訳そのものの理論やそこから見える翻訳の主体としての人間のありようなどが検討されている事例は稀である。

三・二　「文化的転回」を迎えたトランスレーション・スタディーズと機械翻訳研究の差異

上記にみたように、翻訳に関する文系的な研究は、一九九〇年代に入って「最善の翻訳」を目指すことから、「翻訳と文化・社会との関係性」を明らかにすることへと移ったわけだが、まさにこの通時的なトランスレーション・スタディーズの差異は、現状の機械翻訳研究の特徴を浮き彫りにしてくれる。機械翻訳とトランスレーション・スタディーズのより活発なコラボレーションを推奨する Christian Hardmeier（2015）[注12] は、統計的機械翻訳が「翻訳上の等価という伝統的な前提」（Hardmeier 2015, 169）に基づいていることを指摘しつつ、それと対比する形で最近のトランスレーション・スタディーズの特徴を次のように表現している。

> （統計的機械翻訳がモデルとしている）等価に基づいた翻訳理論は、入力されたテクストにはどういうわけか最善の訳があらかじめ決まっており、翻訳者の責任はただその最善の訳を見つけ出すことであるという前提に立っている。一方で、より最近の理論では、翻訳物と起点テクストの文化的コンテクストとで本来の目的が必ずしも一致するわけではないので、そうした文化的コンテクストや翻訳の目的といったものが翻訳というプロセスの望ましい結果に影響を与える付随的な変数として考慮されなければならないと考えられている。（Hardmeier 2015, 169 括弧内は引用者による）

機械翻訳研究が実際的な問題の解決を中心に技術的、方法論的な議論を展開しているのに対して、「文化的転回」を迎えたトランスレーション・スタディーズでは「文化」というキーワードを中心に、翻訳の方法論よりもその社会的・文化的効果に注目している。機械翻訳研究とトランスレーション・スタディーズは「翻訳」という柱を共有しつつも、その目的と研究プロセスは大きく異なっており、実は機械翻訳研究が、「存在するであろう最善の訳」を求めるような、トランスレーション・スタディーズにとっては新しくて古い（もしくは、古くて新しい）翻訳研究の一形態であることがわかる。

三・三　トランスレーション・スタディーズと機械翻訳のコラボレーションの現状

「最善の訳」の追求から脱却し、「文化的転回」を迎えたトランスレーション・スタディーズと機械翻訳という二つの研究分野の距離を示すように、現時点で最新の機械翻訳の概説本であると思われるPoibeauのMachine Translation（2017）にもトランスレーション・スタディーズや翻訳理論といった文言は見当たらないし、Poibeauによればそもそも（特に商業的に大きなシェアを持つ統計的）機械翻訳の研究では、トランスレーション・スタディーズどころか言語学という学問自体が脇に置かれているという（Poibeau 2017, 175）。

一方のトランスレーション・スタディーズでも自然言語処理を中心とした機械翻訳を主眼に添えたものは、まだまだ数が少ない。本章でも何度か参照しているJeremy Mundayによるトランスレーション・スタディーズの概説本は、二〇〇一年に初版が出版されて以来、二〇〇八年に第二版、二〇一二年に第三版、二〇一六年に第四版と定期的に更新され、随時最新の研究も反映されているが、機械翻訳については補足的に言及されるのみで体系だった解説はなされていない。さらに、「自然言語処理」という機械翻訳の開発において重要な役割を果たす学問に至っては一切言及されていない。

他にも、急速に発展、拡大している翻訳通訳学を統合的に整理し、今後の展望をまとめた概説本Researching Translation and Interpreting（Angelelli and Baer 2016）が二〇一六年に出版されているのだが、やはりここでも統計的機械翻訳やニューラル機械翻訳に焦点を当てた章は設けられておらず、一部の章で言及があっても内容は限定的である。たとえば、Sergey Tyulenevによる"Agency and role"（Angelelli and Baer 2016, 17-31）では、社会科学分野で用いられる「行為（agency）と役割（role）」という概念に基づいて翻訳・通訳が分析されているが、近年では機械翻訳も行為者（agent）として含まれることを指摘している。またMiguel A. Jiménez-Crespoによる"Collaborative and volunteer translation and interpreting"（Angelelli and Baer 2016, 58-70）では、共同翻訳・通訳やボランティア翻訳・通訳の発展と実態が分析されているが、一九八〇年代後半以降、機械翻訳の研究者たちが機械翻訳の精度を向上させることを目的として、ネット上の有志による翻訳を活用していることを指摘しているが、機械翻訳と人間主体の翻訳に関する存在論的考察を行っているものはない。

このような状況のなか、トランスレーション・スタディーズと機械翻訳研究の積極的なコラボレーションを提唱する数少ない研究者にOliver Čulo（2013）がいる。Čulo（2013）は、英語とフランス語のコーパスに基づく研究において、「翻訳の方向」（英語から日本語、日本語から英語、などの際に見られる文法的な移行の傾向を示す）や「使用域」（systemic functional linguistics で用いられる、言説の種類や文語・口語といった形態を示す）というトランスレーション・スタディーズに関わる知識を活用すれば、五分の一のトレーニングデータでも BLEU という機械翻訳の評価システムにおいて同等のスコアを叩き出すことができたという事例を紹介しながら、トランスレーション・スタディーズが機械翻訳の研究にとって有益であることを主張しているが、やはり両研究分野の交流は「まれである（rare）」（Čulo 2013, 31）ことを指摘している。

同様に Tomasz Rozmyslowicz（2014）も積極的な両分野のコラボレーションを推している。Rozmyslowicz（2014）は、今後ますます機械翻訳が普及し、より多くの人々に利用されることを想定しつつ、トランスレーション・スタディーズの今後の生存と発展のためにも機械翻訳をトランスレーション・スタディーズの枠組みの中で検討するべきであると主張している。そうした目的のためには、機械翻訳を文化と対極にある無色透明の技術としてではなく、文化・文明を構成する重要な要素としての技術として捉えることを Rozmyslowicz（2014）は提唱している。また、トランスレーション・スタディーズでは、特定の文化・階級・政治的空間に帰属する翻訳者の「意図（intentionality）」が、文化や社会にどのように影響を受けているかを明らかにしようとするわけだが、機械翻訳では翻訳の行為者（機械）の「意図」が存在しないことを指摘し、トランスレーション・スタディーズで機械翻訳を扱うことの難しさも同時に訴えている。トランスレーション・スタディーズの発展を見据えた両分野の積極的な交流を訴える Rozmyslowicz（2014）であるが、トランスレーション・

スタディーズと機械翻訳のすれ違いを前者の観点から次のように述べている。

……専門的な文脈だけでなく、より重要なことに日常的なコミュニケーションという文脈においても機械翻訳が広がり利用されているのだが、翻訳の研究は、そうした状況に関わる、現在の実際的で社会文化的に非常に重要な諸々の翻訳的現象に取り組むことを怠っている。変化を被ったこうした実際的状況とその状況が翻訳に関するわれわれの理解に与えうる影響が吟味されることはなく、機械翻訳はふつう、先進技術マニアの空想であったり、嘲笑の対象として扱われている。そして、機械翻訳の「お粗末な」パフォーマンスをみて翻訳の研究者たちは翻訳家がやはり優位にあり不可欠な存在であるという表層的な確信を深めているのである。（Rozmyslowicz 2014, 148）

以上のように、翻訳という研究対象を巡っては理系・文系の立場でそれぞれ活発な研究が行われているにも関わらず、その交流はほとんどなされていないといってよいであろう。次に、機械翻訳の限界とトランスレーション・スタディーズの研究事例を踏まえて、人間による翻訳の可能性について検討してみたい。

四　人間を主体とした翻訳の可能性

四・一　人間にしかできない翻訳とは？

これまで見てきた機械翻訳とトランスレーション・スタディーズの特徴を踏まえて、はじめの問いに帰ってみよう。機械翻訳が今後大きな発展を遂げるとして、人間による翻訳は淘汰されるのか否か。現状の解答として二・一、二・二で見たように、人間による翻訳が近いうちになくなるということは想定しないほうが、蓋然性が高い。統計的機械翻訳には「一致（agreement）」、「等位（coordination）」、「代名詞照応（pronoun resolution）」などの一般的な言語の特徴に関わる問題があった。そして、ニューラル機械翻訳には「未知の単語（unknown words）」、「長い文（long sentences）」、「最適化（optimization）」などの問題があった。また、言語外の知識を扱うことは両方の機械翻訳システムにとって大きな障害になっていたことを思い出そう。そこで、次に考えるべき問題となるのは、どのような形で人間による翻訳が残るのかということだ。ここではトランスレーション・スタディーズの最近の研究で注目されている創造翻訳（transcreation）と厚い翻訳（thick translation）という二つの概念を取り上げ、人間による翻訳の可能性の一端をより具体的に探ってみたい。

四・二　創造翻訳

オヘイガン統子（二〇一一）によれば、創造翻訳は「起点テクストへの忠実性を超え、……目標テクストを起点テクストの複写物としてではなく新たな創造物として再創造する」（オヘイガン二〇一一、一九〇）ことを指す。[注13] 創造翻訳の具体例としてオヘイガンはゲームのローカリゼーションを挙げている。

Mangiron & O'Hagan（2006）によれば、ゲームのローカライザー（翻訳者）の職務は、ゲームのプレイヤーが自分のプレイしているゲームが自分の母語圏で作られたものであるように感じ、オリジナル版のプレイヤーが感じるのと同じ楽しみを感じられるようにすることである。そして、その職務を実現するために、ローカライザーはゲーム分野に精通していることが極めて重要であるという。Mangiron & O'Hagan（2006）は、ゲームのローカリゼーションの具体例として日本で生まれ世界的に膨大な数のプレイヤーを生み出しているロールプレイングゲームの Final Fantasy シリーズを取り上げている。[注14]

例えば、Final Fantasy X で用いられる武器に「風林火山」というものがある。アメリカ版の翻訳者はこれを「Conqueror（征服者、勝者）」と訳している。「風林火山」という言葉は武田信玄が軍旗に用いていた言葉で『孫氏』に由来する。これは、「疾きこと風の如く、徐かなること林の如く、侵掠すること火の如く、動かざること山の如し」[注15] ということを意味している。英語に逐語訳すると

「wind forest fire（and）mountain」となるが、実はこのゲームでは「武器の名称は一五字まで」という制限があり、そのような訳はシステム的に不可能である。なぜアメリカの翻訳者が「Conqueror」という訳に決定したかについてMangiron & O'Hagan（2006）はこれ以上の言及をしていないが、推測するに翻訳者はオリジナルの「風林火山」という名称が持つ意味・ニュアンスを無視しているわけでもなさそうだ。

先に述べた通り、「風林火山」とは、武田信玄という「戦国大名」が軍旗に用いた言葉である。武田信玄といえば、宿敵・上杉謙信と名戦を繰り広げ、後に江戸幕府を開くことになる徳川家康を三方ヶ原の戦いで打ち破るなど、戦国時代きっての「戦上手の名将」として知られている。そして、武田信玄に代表される「戦国大名」は、『信長の野望』シリーズ（コーエーテクモゲームス）、『戦国無双』シリーズ（コーエーテクモゲームス）、『戦国BASARA』シリーズ（カプコン）などの人気ゲームシリーズに見るようにゲーム分野では馴染みのある題材でもある。一方、「Conqueror」という言葉は、三省堂の『ウィズダム英和辞典 第三版』では「征服者、（戦争などの最終的）勝者、《報道》（スポーツなどの）勝者」という訳と「William the Conqueror ウィリアム征服王」という用例が記されている。この「William the Conqueror」とは一般に、「従兄エドワード懺悔王の死後、王位継承権を主張し、イングランドに侵入しノルマン朝を開」（『大辞林』）いたウィリアム一世のことを指し、『大辞林』では、「征服王」とも付記されている。少ない軍勢で現在のフランスよりイギリスへと侵攻し、現在まで続くイングランド国家を打ち建てた「戦上手の王」である。ここに一種のアナロジーを見出すことは難しくない。「風林火山↓武田信玄↓戦上手の戦国大名↓戦上手の王↓ウィリアム征服王↓Conqueror」というわけだ。

通常の翻訳として考えた場合、ここには間違いなく飛躍がある。学校の試験や歴史文献の翻訳で「Conqueror」を「風林火山」と訳せば間違いなく不正解である。しかし、（一）システム上の制限（文字数）を受けない、（二）ゲームプレイに支障をきたさない、（三）オリジナルの言葉のニュアンス（戦上手の名将を想起させる）を類推できる、という点においてゲームのローカリゼーションとしては成功か、もしくは適切と認めてよいと思われる。「風林火山」→「Conqueror」という訳は、あきらかに常識的な翻訳としては不適切であり、レアな訳例であるがゆえに、この事例をトレーニングデータとして用いても、統計的機械翻訳やニューラル機械翻訳において再現される可能性は低そうだ。しかし、それでもゲームのローカリゼーションとしては機能していることを勘案すれば、この訳例は「目標テクストを……新たな創造物として再創造する」という創造翻訳の性質を体現しているといえよう。そして、まさにここにこそ人間による翻訳の可能性がある。機械翻訳がこの訳を再現するためには、（一）それぞれのゲーム毎のシステム上の制限、（二）想定されるプレイヤーの常識、（三）ゲーム分野そのものについての背景的知識、（四）出力された飛躍を伴う訳の評価、などを個別に、もしくは統合的に学習する必要がある。ハードルは決して低くない。機械翻訳の難しさの根源に「人工知能における知識獲得のボトルネック」が存在していた。（一）〜（四）という多層的な変数を統合的に学習するためのトレーニングデータを収集し選別することが大変難しいタスクとなることは想像に難くない。

創造翻訳の事例からは、「辞書に記載されている訳や過去の様々な文献における訳例に囚われず、環境に即し、翻訳物のユーザーの常識に配慮しながら、適切と思われる翻訳を自らの判断で行う」という人間による翻訳の可能性が見えてくる。

四・三　厚い翻訳

佐藤＝ロスベアグ・ナナ（二〇一一）によれば、厚い翻訳とは起点テクストを目標テクストに翻訳するだけでなく、「他者を尊重しつつ、翻訳される語の文化的コンテクストを読者に理解させる手法として、注や解説を駆使する」（佐藤二〇一一、二〇〇）翻訳を指す。(注16) 厚い翻訳の具体例として、佐藤は知里真志保によるアイヌ語の日本語訳を挙げている。

佐藤は、知里真志保の『地名アイヌ語小辞典』における「コタン」という言葉の説明に注目する。知里真志保以前の翻訳者であるジョン・バチェラーが『アイヌ・英・和辞典』（教文館）で「コタン」を「KOTAN n. A village. A place. Jap. MURA. TOKORO. MACHI. 邑。場所。都府。」と記しているのに対して、知里真志保は「われわれの考える村と違って家一軒しかなくてもコタンであり、或る時期だけ仮住居するだけの場所でもコタンである。一時的にせよ永住的にせよ家の在る所を kotan と云うのである」と解説し（厚く翻訳し）、さらにはコタンの挿絵を掲載している。

「コタン」の例に見てとれるような、「単語を単語のまま訳すだけでなく、起点テクストにおける意味内容と目標テクストでの意味内容との違いも叙述する」という手法は、実は現在の英和・和英辞典でも使用頻度の高い単語でよくみられる手法でもある。厚い翻訳はこのような手法を様々な文献において「注」や「解説」などの形で積極的に用いることを提唱する。(注17) テクスト間の翻訳にとどまらず、起点テクストと目標テクストにおける単語間の意味内容（シニフィエ）の違いを探ることにより、（主に起点テクストが属する）言葉の背後にある価値体系を明示し、それを通してその文化を理解することが可能になると佐藤は指摘する。

機械翻訳にとって厚い翻訳はいかなる点で困難となるであろうか。まず三．二において、Hardmeier（2015）が統計的機械翻訳は「翻訳上の等価という伝統的な前提」に基づいていることを指摘していたことを思い出そう。このような前提では翻訳には「最善の訳」があると仮定して結果を出力していることになる。そして、現在の機械翻訳のシステムでは、ニューラル翻訳も含めて、翻訳の出力でプロセスは完結する。もちろん、場合によってはその出力が正しいかどうかを判断するため、そしてシステムを向上させるために出力後に翻訳の評価が行われることもある。しかし、厚い翻訳では、「起点テクストの言葉が示す価値体系を明示する」という、翻訳行為とその評価を超えた目的が設定されている。機械翻訳に対して、「翻訳と同時に目標テクストの読者に起点テクストが暗に示している価値体系を明示しろ」というタスクを課すことは現実的ではない。そのようなタスクをこなすには、まず機械が「起点テクストの言葉が示す価値体系」という知識を認識する必要があるわけだが、二．二でみたように、松尾（二〇一五）によれば、そのような知識の獲得こそが機械翻訳が抱える根本的な問題（「知識獲得のボトルネック」）であった。また、同様に奥村（二〇一四）も「全自動高品質翻訳を機械翻訳の目標にしてはいけない」ことの根拠として、「言語外の知識を要求される」ことを挙げていたことも思い出そう。

もちろん――佐藤も指摘していることであるが――人間であれば厚い翻訳が容易にできるというわけではない。そもそも人間にとっても「ある言語の言葉が暗に示している価値体系を理解する」ことは非常に難しいし、文化や価値体系を明示的に記述することも相応の文筆力が要求される。それでも、現在の機械・人工知能と違って、人間には起点テクストの言語に関する本を読んだり、フィールドワークを行ったりなどして、その価値体系や文化を学習する（もしくは学習しようと努力する）こと、そしてそれを発信することができる。

四・四　人間による翻訳のこれから

創造翻訳や厚い翻訳にみるような翻訳の目的・手法というものは、先にみた機械翻訳・NLPの研究対象となっていない。Poibeau（2017）によれば、機械翻訳に対する商業的なプレッシャーから開発者たちはどうしても短期的な問題解決に注力せざるを得ない状況なのだ。さらには毎年システムの評価会が行われているそうだが、こうした短期的な射程の競争が激しいために機械翻訳そのものが置かれている現在の情勢について吟味する余裕がほとんどないという事情もあり、「最善の翻訳」の追求以上に研究の範囲を広げることは難しいようだ。(注18)

とはいえ、二・二でも述べたように、機械翻訳が今後ますます精度を高め、人間のコミュニケーションのあり方はもちろん、雇用や教育などの社会構造や社会制度に大きな影響を及ぼすことは間違いない。自分の食い扶持を得ている分野において大きな変化が起こることに対して不安や恐怖を感じる人も必ずいよう。しかし、一部の人々の雇用を守るために技術の発展に制限をかけることは現実的ではない。機械翻訳が発展し異言語間のコミュニケーションが活発になることは、部分的に問題やデメリットを伴うこともあるかもしれないが、決して悪いことではないはずだ。言語という障害のハードルが下がれば、経済活動が広範に活発となり、母語を超えてより多くの他者と交流する機会が増え、自己実現する手段や機会がより多くの人々に提供されるであろうからだ。人権を何よりも尊ぶ現在の国際社会を考えれば、個人の自己実現の機会を広げることに貢献してくれる可能性の高い機械翻訳に制限をかけることは正当化しづらい。

機械翻訳の存在に漠然とした不安や恐怖を感じる人がいるとすれば、その不安や恐怖を乗り越える唯一の方法は、機械翻訳の技術的な性質とその限界を客観的に理解し、今後人間に期待される翻訳のあり方をより具体的に模索することであろう。そのための端緒となることを願って、トランスレーション・スタディーズで近年注目されている二つの概念をここでは取り上げたが、あくまでこれは可能性のほんの一部でしかない。もちろん、日々の研究と技術的革新により、こうした翻訳のあり方さえも機械翻訳が行うことができるようになる可能性は常にありうる。その点については、常に機械翻訳やＮＬＰの分野と議論を交わし続け、「人間による翻訳」の可能性を新たに模索し続ける必要があるだろう。

五　翻訳という行為そのものの価値

五・一　ヒューマニズム的翻訳

これまで「人間による翻訳は機械翻訳によって淘汰されるか否か」という問題設定のうえで機械翻訳とトランスレーション・スタディーズ、そしてそこから見える人間による翻訳の可能性を見てきたわけだが、ここには翻訳を一種の経済的活動へと矮小化する前提が横たわっている。例えば、一において、松尾（二〇一五）が二〇二五年には「機械翻訳も実用的なレベルに達するため、『翻訳』や『外国語学習』という行為そのものがなくなるかもしれない」と述べていたことを確認した。そこには、人間の翻訳に付随する品質管理や人件費の問題、さらには子供たちが外国語を学習する時間的・労力的コストなどが、実用的な機械翻訳の登場によって、一切解消するという言説が仄めかされている。しかし、そのような形での翻訳の消滅が、人間による翻訳の消滅と同意というわけではない。翻訳は特定の人々が口を糊するためだけに行われているわけではなく、翻訳すること自体に価値を見出し、楽しんでいる人々がいるのだ。つまり、経済的な価値観に基づく翻訳ではなく、経済以外の多様な価値観に基づく翻訳のあり方も存するということである。興味深いことに松尾（二〇一五）も、人工知能が一定以上のレベルに発達すれば、「仕事」という経済や合理性が支配する領域から人間は抜け出し、それ以外の多様な価値観に基づく人間の「生き方」や「尊厳」が重要になってくるとヒューマニズム的な視点で将来を語っている。

人間とコンピュータの協調により、人間の創造性や能力がさらに引き出されることになるかもしれない。そうした社会では、生産性が非常に上がり、労働時間が短くなるために、人間の「生き方」や「尊厳」、多様な価値観がますます重要視されるようになるのではないだろうか。（松尾二〇一五、二三三）

次にこの「人間の生き方や尊厳」、「多様な価値観」というヒューマニズムの視点にたった二種類の翻訳の在り方を参考にして、人間による翻訳の可能性を検討してみたい。一つ目は、起点テクストに忠実な「不可視な」存在として見られがちな翻訳者の芸術性・作家性に注目する。二つ目は、翻訳という行為・プロセスそのものが人間の存在・生き方に与えうる価値を見ていく。

五・二　翻訳者の芸術性・作家性

一九八〇年代中盤以降、Lawrence Venuti が「不可視な翻訳者」像を乗り越えて、「可視的な翻訳者」のあり方を模索する研究を提唱している。つまり、もともと目標言語で書かれたものであるかのように流暢に起点テクストを翻訳するのではなく、「あえて異質性を出す翻訳スタイルを取ることで、起点テクストの異質なアイデンティティを前面に打ち出し、起点テクストを目標文化のイデオロギー的支配から保護することで翻訳者の存在を可視化することを目指す」（Munday 2009, 234）ことが提唱されてきているのだ。もちろん、この動きは三・一でみた「文化的転回」以降のトランスレーション・スタディーズの潮流にあるものである。このコンテクストでは、翻訳者は「コミュニケーション行為の中立的な仲介者」（Munday 2009, 244）とみなされるのではなく、起点テクストが属する文化やイデオロギーを開示し、異文化理解・他者理解を促す積極的な行為者として現れてくる。(注19)

このような流れの中で、翻訳者への注目が高まっていることは間違いないが、それでも特に文芸翻訳などは商業的な理由から、たいていは目標言語で読みやすい、「異質な」感触の少ない翻訳が出版社に好まれている事実もある。しかし、そのような一般的な文芸翻訳においてさえも、翻訳者の存在にスポットの当たる事例が存在している。(注20)

たとえば、ノーベル文学賞を受賞した川端康成は、「伊豆の踊子」の英訳を行った Edward George Seidensticker が誤訳や省略をしてしまったところを「一草一花――『伊豆の踊り子』の作者」というエッセイで取り上げているが、翻訳者に対して苦言を呈するのではなく、自らの原作こそを修正するべきかもしれないと述べている。(注21) このような態度は、川端康成が文学作品の持ちうる芸術性についてその根拠を原作と原作者だけに帰することなく、翻訳物自体にも同様に芸術性を認め、自らの原作と対等に扱っていることの証左であろう。Seidensticker は、きわめて平易な英語で「伊豆の踊子」を訳しており、トランスレーション・スタディーズで注目を浴びているような「起点テクストの異質性を打ち出す可視的な翻訳者」ではない。翻訳者Seidenstickerと川端康成のエピソードは、誤訳や省略というヒューマンエラーを伴う、従来の「中立的な」文芸翻訳でも、ある種の文学作品としての芸術性を持ちうることを示している。

ここ数年間、ノーベル文学賞に注目が集まるたびにその候補者として名前が挙がる村上春樹も、やはり翻訳者の原作者に対する平等性やその芸術性に注目している作家である。一九八五年に出版された『回転木馬のデッド・ヒート』に「レーダーホーゼン」という短編が収められている。この作品は一九九二年にAlfred Birnbaumという翻訳家によって英訳されているのだが、Birnbaumはあえて原作の構成を変えて英訳している。そして、その原作者である村上春樹はBirnbaumの英訳版をさらに日本語に翻訳（重訳）し、二〇〇五年に出版された『像の消滅　短編選集一九八〇－一九九一』に収録している。坂井セシル（二〇一一）は、こうした村上春樹の翻訳（重訳）例を参照しつつ、翻訳者の新たに拡大しつつある役割に注目し、「従来の文学の単一独創性の思想様式を破壊してゆくダイナミックスが起動し始めている」（坂井二〇一一、一一三）と述べている。つまり、村上春樹とBirnbaumの事例においては、原作や原作者の特権性が揺らぎ始め、翻訳や翻訳者の作家性・芸術性が認められつつあるということだ。

繰り返しになるが、SeidenstickerとBirnbaumの翻訳は、一般に「異質な」感触の少ない文芸翻訳であり、トランスレーション・スタディーズの潮流にあるような、文化と権力を中心に展開するアカデミックな背景を持つような翻訳ではない。それでいながら、その原作者たちは翻訳者の独自性、そしてその芸術性を認めている。ある意味で、翻訳者は起点テクストを目標テクストへと学術的意図や政治的意図を持たずに、創造的作業を行っているのだ。しかも、Seidensticker の事例でいえば、その創造的作業、芸術性の一部が翻訳者のヒューマンエラーに起因していることは興味深い。

五・三　翻訳という行為の価値

五・二でも取り上げた村上春樹は作家としてだけでなく、数多くのアメリカ文学作品の翻訳者としても知られている。多作な翻訳者という側面も持つ村上春樹は、『村上朝日堂はいかにして鍛えられたか』（一九九七）というエッセイ集において、「下訳」を使っているのではないかという読者からの質問を否定しつつ、翻訳行為そのものが彼にとって快感の源になっていること、さらには作家としての村上春樹を形成するうえで重要な要素であったことを述べている。

…もし下訳を使ったりしたら、それは翻訳という作業のいちばんおいしい部分を逃していることになるのではないかと考えている。翻訳でいちばんわくわくするのはなんといっても、横になっているものをまず最初に縦に起こし直すあの瞬間からだ。そのときに頭の中の言語システムが、ぎゅっぎゅっと筋肉のストレッチをする感覚がたまらなく心地よいのである。そして翻訳された文章のリズムの瑞々しさは、このしょっぱなのストレッチの中から生まれてくる。この快感は、おそらく実際に味わった人にしかわからないだろう。

僕は文章の書き方というものの多くを、このような作業から結果的に学んだ。外国の優れた作家の文章をひとつひとつ横から縦に「よっこらしょ」と直すことによって、文章の持つ秘密（ミステリー）を根もとから解き明かしてきたわけだ。翻訳というのはやたら時間のかかる「鈍くさい」作業だが、それだけに細かいところがしっかり身につくという大きな利点がある。（村上一九九七、六八－七〇）

出来上がった翻訳の良し悪しに言及がなされていないことが興味深い。村上春樹にとって翻訳で「いちばんわくわく」することは、出来の良い翻訳を作り上げたときの達成感ではなく、翻訳というプロセスの始まり――「まず最初・しょっぱな」――なのだ。さらに村上春樹はこの翻訳の「快感」を作家としての「成長」へと繋げている。

翻訳に「快感」を認めるのは村上春樹だけの特殊な事例というわけではない。サマセット・モームなどの翻訳で有名な行方昭夫も、率直な言葉で翻訳の楽しさを訴えている。

何よりも、自分の想像力や感性、知識、論理をたどる力などを駆使して英語の文章を味わい尽くし、正確な訳文を作っていく中で「読めた！」という快感を味わうことは、ほんとうに楽しい経験です。（行方昭夫二〇〇七、七）

人は常に効率や経済を考えて行動するわけではない。サッカーが下手な人はサッカーをしてはいけないなどというルールはない。その証拠にプロにはなれずとも趣味でサッカーをしている人は数多くいる。翻訳も同じであろう。仮に完璧な自動翻訳システムが完成したとしても、翻訳することが好きな人は翻訳しても良いのだ。たとえうまく翻訳できなくとも翻訳という行為自体が、人生を豊かにする「快感」と「成長」をもたらし、その人の生き方に大きな影響を及ぼすことはありうる。むしろ、完璧な翻訳システムが完成したとしたら、それが「快感」や「成長」といった目的で翻訳を行う人間の良き導き手となって、翻訳という行為をより充実したものにしてくれる可能性もある。

導き手という意味では、現在プロとして通訳・翻訳に携わっている人々もまた重要な役割を担う可能性があろう。プロの通訳・翻訳家であれば、翻訳の難しさや苦労とともに、その快感やお金には代えられない価値を誰よりも知っているはずである。二・一で見たように、社会的な関係性や問題の把握に関わる知性というのは機械学習には難しく、機械化されにくい要素であった。翻訳という苦労を伴う道の導き手（教師・講師）となるのは、学び手の個性や感情を敏感に察知できる人間にしかできないことかもしれない。

六　おわりに

小林（二〇一七）によれば、日常的な短いセンテンスであれば、細かい間違いはあるにしても、意思の疎通ができるレベルの翻訳がGoogle翻訳には可能になってきており、その進歩には目を見張るものがある。そして、その技術的進歩を支えていると考えられるディープラーニングを土台としたニューラル機械翻訳は、独自の中間言語（interlingua）を作成している可能性まで指摘されている。(注22) そのような指摘が示唆するように、ニューラル機械翻訳の学習と出力のプロセスはブラックボックス的な要素を持っており、専門家でもその仕組みを帰納的に推測するしかないという事実がある。スマートフォンやパソコンといった現代では身近な機器で手軽に利用できるにも関わらず、その実態を理解することは難しい。

本章では、一般的な機械翻訳への関心を踏まえて「機械翻訳によって人間の翻訳は淘汰されるか否か」という問題設定を行った。第二節で見たように機械翻訳の未来は希望的観測に満ち溢れているわけではなかった。特にＮＬＰの見地からみれば、依然として統計的機械翻訳やニューラル機械翻訳にも明確な技術的限界がある。そして、第三節や第四節でみたように、人間による翻訳を中心に研究を行うトランスレーション・スタディーズは、まだまだ機械翻訳やＮＬＰが射程に入れることのできないような翻訳の在り方を提示してくれていた。特に創造翻訳や厚い翻訳という概念は、現実に人間が行っている翻訳という行為が、「最善の翻訳」を目指すという単純なものではなく、多層的な要素・目的・方法が絡み合う、複雑なプロセスであることを示しており、翻訳者に求められるスキルの多様性に気付かせてくれる。そして、第五節でみたように、そもそも翻訳とは経済的な営みのコンテクストだけで語られるべきものではなく、たとえ仮に完璧な機械翻訳ができたとしても、人間が自らの生き方を充実させるための営みとなる可能性があることも忘れてはならない。

「機械翻訳によって人間の翻訳は淘汰されるか否か」という問いに対して正確な結論を出すことは難しい。そもそも言語というものが曖昧であることや、自然言語処理や機械学習が抱える諸問題などを勘案すれば、完璧な機械翻訳が登場することは想定しづらいが、将来の科学技術の発展もまた予想することが難しく、機械翻訳の完成を加速させるブレイクスルーが起こらないと断言することもできない。しかしながら、本章で見てきたように翻訳はそのプロセスだけでなく、社会的な目的や効果といった広い視野でとらえるべきヒューマニズム的問題を多く孕んでいる。その意味で、これから先、人間が翻訳と手を切り、機械に翻訳を委ねきってしまうことはないであろう。

【注】

（1）本章における「人間による翻訳」とは、統計的機械翻訳やニューラル機械翻訳など翻訳プロセスに主体として人間が含まれない翻訳と対比されるものであり、主体として人間が関わる翻訳を想定している。その意味では、Machine-Aided Human Translation なども「人間による翻訳」に含まれる。

（2）YouTube「堀江貴文の Q&A vol.496 ~翻訳家はいなくなる⁉︎」を参照のこと。https://www.youtube.com/watch?v=fKeBgFD_yBA

（3）特に機械学習に関わる技術革新と雇用の関係については、Frey and Osborne（2013, 5-14）も参照のこと。

（4）例えば翻訳技術の向上と翻訳家の支援を目的とした一般社団法人である日本翻訳協会のホームページには「トランスレーター必須のおもな翻訳ソフトのご紹介」という項目がトップページの下部に掲載されている。

（5）二〇一四年には『週刊現代』（講談社）の記事（http://gendai.ismedia.jp/articles/-/40925）に取り上げられて以降、独立行政法人経済産業研究所が Michael Osborne へのインタビュー記事（https://www.rieti.go.jp/users/iwamoto-koichi/serial/031.html）を発行するなど、Frey and Osborne（2013）の研究は様々な媒体、記事で取り上げられている。

（6）野村総合研究所ホームページを参照のこと。（https://www.nri.com/jp/news/2015/151202_1.aspx）

（7）未知の言葉をそのままコピーして使用したり、単語をさらに細かいユニットに区切って翻訳の可能性を探ったりする手法もあるようだが、まだまだ満足のいく解決策は見つかっていないようだ。現実に未知の単語が創造的に訳され定着した例としては、明治期に culture が文化と訳されたり、economy が経済と訳されたりしたものが挙げられる（大辞林を参照）。こうした翻訳は、精度の高い低いといった評価を下すことができない。この点も機械翻訳とは相性の悪い点として指摘できる。

（8）統計的機械翻訳が単語アラインメント（翻訳の際に単語レベルでの対応した組み合わせをとること）やフレーズテーブル（句レベルでの翻訳候補）などに起点テクストを分解した（decompose）うえで翻訳候補を統計的に提示する（加えて、問題のある箇所には「人間が調整を施し」つつ精度を高める）のに対して、ビッグデータを用いたニューラル機械翻訳では、文全体を俯瞰しつつ、各単語を実数値ベクトルで分析し（簡単にいえば数値化し）、文中におけるに単語間の統語的関係性まで考慮しつつ翻訳を行う。統計的機械翻訳の特徴とその問題の詳細についてはPoibeau（2017）の第一一章を、ニューラル機械翻訳の特徴とその問題の詳細については第一二章と中澤（二〇一七）を参照のこと。また、特徴量についての詳しい解説は松尾豊（二〇一五）の第四節、第五節を参照のこと。

（9）最近のGoogle翻訳の性能向上と課題については、小林雅一（二〇一七）を参照のこと。

（10）通常、言葉のシニフィアン（記号表現：文字や音声など）とシニフィエ（記号内容：言葉から想起される概念など）の関係性は恣意的であり、特に複数の言語間で比較した場合、似たような意味を持つ単語でもそのシニフィアンと結びつきうるシニフィエの範疇が完全に一致することはない。つまり、翻訳における単語といった個々のコード・ユニットの完璧な一致（等価）はあり得ないとされている。Jakobsonは、コード・ユニットの等価は不可能なので、メッセージをメッセージ全体で置き換えなければならないと主張している。詳しくはMunday（2009）「第3章 等価と等価効果」を参照のこと。

（11）「文化的転回」は、Susan BassnettとAndre Lefevereが編集した論文集の執筆者の一人であるMary Snell-Hornbyが同論文集に収録されている"Linguistic transcoding or cultural transfer: A critique of translaticn theory in Germany"において提唱したものである。例えば、Lefervereは主に目標言語における支配的なイデオロギーによって翻訳がある種の「書き換え」と化すことがあることを指摘している。『アンネの日記』におけるセクシャリティに関する描写の削除などが例に挙げられている。そのほか、トランスレーション・スタディーズの研究対象についての変遷、とくに「文化的転回」に関わる経緯については、Munday（2009）「第八章 8.0はじめに」を参照のこと。

（12）Hardmeier（2015）は、統計的機械翻訳で用いられる「単語アラインメント（対訳文における単語間の関係を発見する過程：奥村学（二〇一四）第四節を参照のこと）」は、内容語（content words）を扱う場合はうまく働くが、機能語（function words）に関しては問題があることを指摘している。また後に触れるRozmyslowicz（2014）と同様に、現在のトランスレーション・スタディーズで主要な研究対象である翻訳者の「意図（intentionality）」が機械翻訳では無視されており、テクストを簡略化したり要約したりする別の目的を伴う翻訳では、重大な問題になりうることも指摘している。

（13）創造翻訳の歴史とより具体的な射程、そしてその展望についてはオヘイガン（二〇一一）「四 ゲームの創造翻訳——創造翻訳の過去、現在、そして未来」を参照のこと。

（14）ローカリゼーションに関わる翻訳のより詳細な性質とこの後に取り上げる事例以外についてはMangiron & O'Hagan「5. Translation issues」と「6. Case study: *Final Fantasy*」を参照のこと。

（15）大辞林を参照。

（16）厚い翻訳の歴史とより具体的な射程、そしてその展望については佐藤（二〇一一）「はじめに」を参照のこと。また、Munday（2009）「第八章 文化的・イデオロギー的転回」のポストコロニアル翻訳理論に関する記述は、厚い翻訳のより深い理解を助けてくれる。

（17）佐藤によれば、厚い翻訳はもともと、帝国主義的言説に寄与する形となってしまった文化人類学への批判を提示したポストコロニアル・スタディーズに触発される形で発展した。佐藤はそのことを前提として、本章で参照している論文「文化を厚く翻訳する」では、「マイノリティ言語からマジョリティ言語への翻訳に絡む権力性の問題を視野に入れている」と述べている。本章では機械翻訳と人間による翻訳の本質的な違いに焦点を当てるため、そのような厚い翻訳の本質的な議論には踏み込まず、あくまで機械翻訳に不可能な方法論的部分を検討するにとどめる。

（18）Poibeau（2017）第十一章と第十四章を参照。

（19）「可視的な」翻訳者に期待されている役割についての詳細はMunday（2009）「第九章 翻訳者の役割：可視性、倫理、社会学」を参照のこと。

(20) ここで紹介する二つの事例の詳細については、坂井セシル(二〇一一)「川端康成と村上春樹の翻訳に見られる文化的アイデンティティの構築――フランス型翻訳論の視座を超えて」に依拠している。
(21) 具体的には、物語の終盤「はしけはひどく揺れた。踊子はやはり唇をきつと閉ぢたまま一方を見つめてゐた。私が縄梯子に捉まらうとして振り返った時、さようならを言はうとしたが、それも止して、もう一ぺんただうなづいて見せた」という部分の「私が縄梯子に~」以降を Seidensticker は"As I started up the rope ladder to the ship I looked back, I wanted to say good-bye, but I only nodded again."と英訳している。日本語の助詞「は」は、一般に主格を表す格助詞ではなく、主題を提示する副助詞とされる。もちろん述語の主語を表すこともあるわけだが、主格を表す格助詞「が」とは違って、句点をまたいで二つ以上の述語に係ることがある。「言はう」と「うなづいて見せた」のは「踊子」であるわけだが、主格が省略されているためにSeidenstickerは、誤って「私」を主語に補ってしまっている。また、「それも止して」に関しては省略されているが、この点について川端康成はむしろ勉強になったとさえ述べている。角川出版の短編集『伊豆の踊子』第五五版では、「踊子は」という言葉が「さようならを」の前に補われている。
(22) Google 翻訳の精度向上と中間言語の存在の可能性については Johnson (2016) を参照のこと。

comment

▼瀬上論文へのコメント

鈴木章能

本論は「機械翻訳によって人間の翻訳は淘汰されるか否か」という問いを巡る考察である。昨今の機械翻訳技術は目覚しい向上を見せているが、問いに対する筆者の答えは「否」である。その理由は主に三つにまとめられよう。まず、機械翻訳は技術的な課題が多すぎ、現状では人間の介入がなければ、「最善の翻訳」が不可能と考えられるからである。第二の理由として、より好い翻訳は人間にしかできないためである。これは、翻訳を巡る知見を積み重ねてきた学問領域たるトランスレーション・スタディーズが、翻訳とは単なる言語置換作業ないし置換の産物ではなく、人間に影響を与える人間による営みであると捉えていることと関係がある。トランスレーション・スタディーズは、人間にとって抑圧や悪意のないより好い翻訳様式を模索する。その様式を機械翻訳で実行することは不可能であり、したがって機械は人間に追いつけない。最後に、たとえ人工知能による情報処理力が飛躍的に伸びても、人間にとって翻訳は快楽であり成長の源であり、それゆえに、人間が翻訳を手放すことはないだろうからである。要するに、技術的にも、理論的にも、情意的にも、人間による翻訳は淘汰されないということである。

もっとも、筆者は、機械翻訳と人間翻訳を「あれかこれか」といった単純な二項対立関係には

comment

おかない（だからこそ、筆者は本論で機械翻訳への過剰な期待や不安を斥けるのである）。様々な意味での「最善の」翻訳のために、筆者は機械翻訳と人間翻訳の理論的・実践的「対話」を提唱している。本論の最後の方にある四・四で筆者は、「機械翻訳が発展し異言語間のコミュニケーションが活発になることは」、「決して悪いことではないはずだ」と述べ、「常に機械翻訳やNLPの分野と議論を交わし続け、『人間による翻訳』の可能性を新たに模索し続ける必要があるだろう」と言う。予想される「対話」の効果は、二つの「最善性」の相乗的向上である。機械翻訳の「最善性」とは、他者の言語を自己の言語と比較し、類似する適切な言葉に置換し、両者の隙間をできる限り埋める「最善の翻訳」である。しかし、機械翻訳が命題とする「最善の翻訳」は人間の介入があって初めて可能となる。人工知能による情報処理力の飛躍的向上が予想されるなか、機械と人間が協働すれば、翻訳それ自体の技術ならびに経済性の向上が期待される。一方、機械翻訳には言語学をはじめとする人文知が欠けている。とくに、翻訳は単なる言語の互換的最善性に終始すればよいというわけではなく、ポストコロニアリズムとも問題を共有する今日のトランスレーション・スタディーズが取り組む「最善性」、すなわち、「人間」にとっての「最善性」が必要不可欠である。トランスレーション・スタディーズは、人間を管理したり誘導したりする翻訳のイデオロギーや政治性を暴いたり、他者に配慮した翻訳（「厚い翻訳」）を支持したりすることから明らかなように、「人間」にとっての最善性を考えている。こちらの最善性への効果について筆者は具体的に言及していないが、本論の文脈から十分な示唆があると言ってよいであろ

comment

う。言語的最善性と人間にとっての最善性を備えたより好い翻訳に少しでも近づくには、機械翻訳と人間翻訳の対話が欠かせない。「機械翻訳によって人間の翻訳は淘汰されるか否か」という問いに対する「否」という答えの意味はそこにあると考える。

もっとも、言語的最善性に関しては、そもそも翻訳可能性ないし翻訳不可能性の議論に終結をみない現在、機械であれ人間であれ、「最善の翻訳」がどこまで可能なのかは結論を出すことが難しく、いずれの翻訳も「最善の翻訳」というより、悪い翻訳かましな翻訳かといった議論に終始する可能性がある。とくに文体は翻訳不可能性の典型的要素である。加えて、翻訳では、機械であろうと人間であろうと、誤訳がつきまとう――テクストの常態である脱構築への果敢な挑戦を含めて。原典と繋がりをもつ限りにおいて、翻訳は、多くの研究者が指摘するとおり、常に哀しくなるほど不完全なものである。翻訳は完成形というより、常に書き換えられる可能性を喚起する未定形であると言った方がいいであろう。そのような翻訳の不安定感から逃れるには、翻訳をアダプテーションの理論から捉えるという手もあろう。そうすれば、オリジナルとコピーという観点が無効となり、翻訳は独立した一つのテクストとみなすことができる。これは、ある意味、筆者が触れる「創造翻訳」に近いものとみなすことができよう。そうなれば、筆者が不可能とする機械翻訳もまた、人間の言葉として読まれうる限りにおいて、一種の「創造翻訳」として認められることになるのかもしれない。

そのこととともに今後の研究の可能性を二点付け加えたい。まず、機械では現在、一定の状況

comment

設定を行えば、かなり高度な翻訳（とくに口頭文）が可能となっているが、本論では紙面の都合で割愛したと思われる実際の機械翻訳の原文を示しながら、その限界と可能性について人文知の地平から具体的に考察する議論を今後期待したい。もう一点は、第五節の部分で筆者が重視する人間と翻訳との関わりを巡って、機械翻訳と人間翻訳の理論的・実践的対話が促進されるときになにが起こるのか、他者との関係性からの考察を期待したい。筆者は人間の翻訳を巡って翻訳者自身の快楽や成長を前面に押し出しているが、翻訳はかねてから、筆者が注(19)ならびにその本文でも触れている異文化理解、他者理解、倫理の問題として捉えられてきた。たとえば、エマニュエル・レヴィナスの倫理哲学はもっぱら翻訳に関する内容であるという一般合意がある。最近ではアントワーヌ・ベルマンが、次のように述べている。「翻訳の狙い――書かれたものの水準で《他なるもの》との関係を開き、《異なるもの》の媒介によって〈固有のもの〉を豊かにする――が真っ向から対立するのは、あらゆる文化のうちに構造化されている自民族中心、あるいはすべての社会が陥りうるような、純粋で、混在物のなき一つの《全体》たらんとするナルシシズムである(注1)」。つまり、「翻訳は対話と同じ意思疎通の基本形態」であり、「異なる言語と各言語に内在する比較可能性に関するものであるだけでなく、広い意味で、あらゆる人間関係の構築に理解と意思疎通が必要であることからも、非常に重要(注2)」なものである。それでは、翻訳が、筆者の支持する機械と人間の協働した営みとなるとき、翻訳は、すなわち、異文化理解や他者理解や倫理の問題は、現実的に、また理論的に、どのように変化し、どのように捉えられるだろうか。大きなテーマであるとは思うが、グローバル社会のいまであればこそ、そうした問いへの見解が示されることを今後、是非期待したい。

【注】

（1）Antoine Berman, *The Experience of the Foreign: Culture and Translation in Romantic Germany*, trans. S. Heyvaert, Albany: State University of New York Press, 1992, p. 4.〔『他者という試練―ロマン主義ドイツの文化と翻訳』藤田省一訳、みすず書房、二〇〇八年、一四頁〕

（2）Zhang Longxi, *From Comparison to World Literature*, New York: SUNY, 2015, p. 29.〔『比較から世界文学へ』鈴木章能訳、水声社、二〇一八年、四四頁〕

response

▼鈴木コメントへの応答
機械翻訳の問題点の具体例と機械翻訳を用いることの倫理

瀬上和典

本稿は、鈴木章能先生よりいただいた本論「機械翻訳の限界と人間による翻訳の可能性」へのコメントをもとに、現状における機械翻訳の具体的な問題点と機械翻訳を巡る倫理の問題を検討した試論である。

response

1．現在の Google 翻訳に見る機械翻訳の問題点

以下の英文は、とある大学の期末試験のために筆者が選んだものである。問いは以下のとおりだ。「下線部の英文の構造を明示したうえで、和訳しなさい」。試験は授業で配布したプリント、ノート、辞書、スマホ、パソコン、タブレット、英語母語話者の友人など何でも「持ち込み可」とした（もちろん実際に友人を持ち込んだ学生は一人もいなかったが）。スマホやパソコンなどはネットにつないで Google 翻訳などの機械翻訳を利用することも可とした。ただし、元の英文を知らない中学生でも理解できる和訳を心掛けなさいと指示している。

A common complaint is that children's books, especially high-quality picture-books, cost so much. All I can say is that they cost less than a dinner out, or a new pair of jeans. The books I read as a child transformed me, gave meaning and perspective to my experiences, and helped to mould whatever imaginative, intellectual or creative strengths I can lay claim to now. No doll or game had that impact on me, no pair of jeans ever changed my life.

Michelle Landsberg（注一）

以下は上記の英文を Google 翻訳にて英文和訳したものだ。

response

私が子供の頃に読んだ本は私を変え、私の経験に意味と展望を与え、そして私が今主張できる想像力、知的または創造的な強みを形作るのを助けました。

和訳部分の採点にあたってポイントを二つに絞った。それは「gave ~ perspective to my experiences」という箇所をどのように訳すか、そして、「lay claim to」という一般的な英和辞典において成句と認められている表現と文脈に配慮しつつ「I can lay claim to」という関係詞節をどのように訳すか、という点である。本論では、字数の制限から前者に的を絞って議論を進めたい。

「perspective」について、Google 翻訳の訳をそのまま流用した学生が多く見られた。それ以外には「視点を与え」という訳を考えた学生が数名見られた程度である。しかし、そのような訳では加点しなかった。

中学生でも理解できる訳文を作成するポイントを整理して、Google 翻訳の問題点を考察してみよう。『大辞林』によれば、「展望」とは次のような意味である。

①広く、遠くの方まで見渡すこと。また、その見渡した眺め。見晴らし。「山頂から―する」「―がよい」

②社会の動向や物事の予測などを広く見渡すこと。また、その見通し。「政局を―する」「将来

への―がない」「―が開ける」

response

用例に注目していただきたい。日本語の「展望」は、動作性のある名詞を動詞化する動詞「する」に受けられている。このことから「展望」とは動作の一種であることがわかる。それ以外の用例からは、「展望」とは「(人が)展望する対象」も指すことがわかる。

このことを念頭において、Google翻訳にある「私の経験に意味と展望を与え」という表現は日本語においてどのような意味を持つかを考えよう。「経験に展望を与える」。人間が具体的に行うような動作を経験に与えることは不可能だ。経験とは無生物なので「展望する」ことはできない。では、経験に「見晴らし・見通し」が与えられるのだろうか。「経験に見晴らしを与える」というのは意味が通じない。「経験」それ自体は特定の空間に存在するわけではないからだ。それでは「見通し」はどうか。元の英文を読んでみると「experiences」には所有格の「my」がついている。つまり、ここでいう「経験」とは「筆者が実際に積んだ(さまざまな)経験」を指しているはずだ。そうであれば、過去のこれまでに得た経験に将来の「見通し」を与えるということになるわけだが、これも無理がある。たしかに英文では「gave ~ perspective to my experiences」となっている。これはgiveの典型的な第三文型(SVOM)の文である。「give water to the flowers」という至極理解のしやすい文と同じ構造なのである。しかし、Google翻訳が作成した和訳を読んで一般的な中学生がだれでも理解できる和訳とはいえない。

response

何がこの英文の和訳を難しくしているのか。そこで、「perspective」という言葉が本来属している英語における意味に立ち返ってみよう。Oxford Dictionary of English, 2nd edition による「perspective」の定義は以下のとおりだ。訳は筆者による。

1. 三次元の物体の高さ、幅、奥行きとそれぞれの関係性から見た位置を正しく伝えるために、その三次元の物体を二次元の面に再現する技法。
2. ある物事に対する特定の態度、もしくはある物事をとらえる特定の方法。

注目すべきは2の捕捉として不可算名詞（質量名詞）の用法に「さまざまな物事の相対的な重要性を正しく理解すること」とある点だ。実は、『ウィズダム英和辞典 第3版』にも2つ目の項目に「総体的な見方、観点」という意味が記されており、「put one's situation in perspective（自分の立場をperspectiveに置く）」という用例の訳として「自分の置かれている事態［立場］を正しく把握する」とある。また、「lose one's sense of perspective」という用例もあり、この訳は「遠近感覚を失う」ではなく、「物事を正しく判断する感覚を失う」である。つまり、「perspective」とは複数の要素（高さ、幅、奥行きなど）をそなえる物体の姿を「（消失点を中心として）各要素を互いに結びつけながら正しく把握する技法」であり、それが抽象的な対象にも応用され、「さまざまな物事の相対的な重要性を正しく把握すること」をも含む動詞性を有する名詞でもあるの

response

だ。

日本語の「展望」と英語の「perspective」の違いは明らかであろう。両方とも人間の視覚に関する言葉でありながら、前者は「見ること・見えるもの」を本質的に表しているのに対して、perspective とは「観察対象が有する複数の要素を互いに結びつけながら、その有様をより詳しく観察する技法・態度・方法」なのだ。だからこそ先に挙げた英文で「my experiences」という複数形の名詞が間接目的語に来ていたのだ。改めて英文を読んでみると、「子供の頃に読んだ本が私のさまざまな経験に遠近法的技巧を施してくれた」と解せようか。つまり、書き手が意図したところは、「子供のころに読んだ本が私のさまざまな経験を相対的に理解する方法（視点）を与えてくれた」ということだろう。無生物主語構文であることを考慮すれば、「子供のころに読んだ本のおかげで、私は自分のさまざまな経験を相対的に理解することができるようになった」と工夫することもできる。

単語レベルで「日→英・英→日」の目録が存在することは我々にとって非常に有益なことである。むしろ初学者にとっては必須のものと言えるだろう。実際に、意味内容の簡単な文であれば、それほど深く考えずにそうした目録を参照して意味をかなり正確に理解することも可能なはずだ。しかし、ある言語の母語話者が書いた気の利いた文を外国人が軽い気持ちで翻訳しよう（機械翻訳にかけよう）とすると、思わぬ陥穽に落ち込むことがある。確かに、一般的な英和辞典であれば「perspective」の項に「展望」という意味が書いてある。Google 翻訳もこれまでの学習からそ

response

の言葉を選んだのであろうが、その結果はとても満足できるものではない。少なくとも、その言葉が自ら属する言語内においてどのような文脈で、どのようなバリエーションで用いられているのかを相対的に学ばなければ、その真意に近づくことは難しいのだ。

もう一歩この問題の先へと視線を向ければ、こうした言葉への気付きはさらなる学びへつながる可能性のあることがわかる。たとえば、「perspective」がどうして単なる「技法」という意味を超えて、抽象的な「正しい理解」というところまでいくのかを歴史を遡って考えてみるのも面白いだろう。実際、「遠近法」はヨーロッパでルネサンス期に再発見された技法・概念であるといわれており、中世の暗黒時代を抜け出し、人文主義へとつながる大きな運動のなかで重要な働きをした概念・言葉と考えられる。こういうことを学べば、先に問題とした英文の著者が「The books I read as a child helped me understand my experiences」ではなく「The books I read as a child gave perspective to my experiences」としたのは、それだけ「子供のころに読んだ本」の著者に与えた衝撃がルネサンスに比すべき大きなものであったからであると大胆に解釈してみることも——その妥当性の是非はともかくとして——可能かもしれない。

2. 機械翻訳の浸透と倫理の問題について

本論でも述べたとおり、機械翻訳が一般に浸透することに筆者は希望を抱いている。しかし、本論へのコメントで指摘していただいた異文化理解や他者理解と機械翻訳の関係を考えるとき、異文化理解や他者理解などの助けとなる機械翻訳が、むしろその障害となる可能性も出てくるのではないかと考える。ここでもトランスレーション・スタディーズの知見に立脚し、その前提と具体的な問題点を考えてみたい。

本論へのコメントにもあったとおり、アントワーヌ・ベルマンは、翻訳の狙いとは「書かれたものの水準で〈他なるもの〉との関係を開き、〈異なるもの〉の媒介によって〈固有のもの〉を豊かにする」ことであると断言し、それと対立するものが「自民族中心主義・ナルシシズム」であると喝破している。[注2] それと同時にベルマンは、翻訳が本来対立すべき「自民族中心主義・ナルシシズム」、「多文化の我有化と還元という厳命」の手先となる可能性も孕んでいると指摘し、翻訳が有する倫理性／暴力性の両方を提起している。そして、ベルマンは、翻訳が常に陥る可能性のある暴力的「自民族中心主義的翻訳」を乗り越えるために、翻訳の倫理学の必要性と悪しき翻訳の傾向をまとめた「否定分析論」とを提唱した。また、その影響を受けてローレンス・ヴェヌティが、外国のテクストを目標言語の文化的価値へ自民族中心的に還元する「受容化」の翻訳方略を否定し、〈他なるもの〉の〈他性・異邦性〉を奪い去ることなく翻訳し目標言語〈固有なもの〉〉をより「洗練」する「異質化」の翻訳方略を推奨した。

ベルマンやヴェヌティが問題としている倫理を巡る議論は、文芸翻訳などに代表される「書かれたもの」としての翻訳を対象としたものである。一方で、今後普及することが期待される機械翻訳のツール類が使用される場は書かれたもの《エクリチュール》の範囲に収まるものではないように見える。とい

response

うのも、機械翻訳はソフトウェアの精度向上とデバイスの進化とともに日常的な会話《パロール》にも大きく浸透するであろうからだ。このことを踏まえると、ベルマンが問題とした（している）翻訳と機械翻訳では異なる「水準」の議論が必要となりそうだが、本質は違わない。たとえば、現在一般に広まりつつあるボイストラやポケトークなどのアプリ・機器は会話に比重を置く通訳的な役割を売りにしているけれど、そのプロセスは「従来の機械翻訳＋音声処理」の複合体に過ぎないのだ。発話《パロール》されたものは、ソフトウェア上・機器内で0と1で構成されるデジタルデータへと変換され書かれたもの《エクリチュール》として認識される。そして、その後に目標言語のテクストへと翻訳されたうえで補助的に音声出力処理が行われる。今後さらなる発展が期待される最先端のニューラル機械翻訳を用いた通訳の場面を想定しても、その倫理に関する議論は「書かれたもの水準」で考察されることに変わりはなかろう。事実、機械翻訳はまだ発話の環境をリアルタイムに直接的に認識し、個々の会話のコンテクストを分析するような機能までは開発の範囲に含まれていないはずである。

　以上のように考えれば、ベルマンやヴェヌティが提起する議論は過去のもので、限られた専門家だけのものであるとは言えなくなる。トランスレーション・スタディーズにおいて「可視的な翻訳者」という像が提示され、ポストコロニアルな視点を踏まえつつ批判的地平で翻訳を行う可能性が開かれたわけだが、一方で先のアプリや機器は目標言語において「違和感のない自然なテクスト」を再生産することが目的となっているのだから、そうしたアプリや機器を用いる人々は、言語やそれと密接なつながりのある文化について専門的な知識を持たずに無批判的な翻訳の主体となるとみてよい。今後、機器やアプリがさらに発達し、観光通訳程度のコミュニケーションの補佐役から、さらに踏み込んだ人間関係の構築につながる（「〈他なるもの〉との関係を開」く）ようなコミュニケーションの補佐まで担うようになると、翻訳の暴力性が無視できない形で顕現するであろうことは想像に難くない。

機械翻訳――従来の「受容化」の翻訳方略――を用いて、他者との関係性を構築する際に具体的に何が問題になるか。それは、繰り返しになるが、「他なるもの」の「他性・異邦性」の捨象である。機械翻訳を用いる場合には、二重にこの「他性・異邦性」へ配慮しなければならない。

そもそも、同じ母語話者同士で、母語を用いてコミュニケーションを行ったとしても、本当の意味で私たちは他者を正確に理解することができるだろうか？ エマニュエル・レヴィナスは、そうした「他者」に関する認識論に挑んだ哲学者だといわれている。小松（2010）はレヴィナスとサルトルにおける言語の主体のあり方を比較する前提を論ずる段階で、両者に共通する「捉え難い他者」を次のようにまとめている。

> 確かに、他者は私同様の人間である。しかし、同様であるがゆえにこの者もまた心的過程なり意識なりといった所謂内面性を備えている。それは私によって外部から把握不可能な領野が常に残されることでもあり、いかに親密な関係にある相手でも例外ではない。また、それゆえに両者の間に共通の規則としての言語を想定しても、誤解や伝達の過不足の可能性を取り除くこ

response

とはできない。実際、共通のコードというモデルによって把握された言語は、既に成立したコミュニケーションから演繹されたものであり、それだけではそもそもいかにして私と他者の間に対話が成立しうるのかという問いに答えるのは困難なことである。サルトルとレヴィナスがそれぞれ強調するのはこうした他者の捉え難さである。（107）

私たちは、言葉には当たり前のように一定の客観的な意味が備わっていると考えており、それを前提としてないと円滑な社会生活を営むことはできない。しかし、われわれが常に言葉の意味を求めて参照するのは統語論でいう心的辞書である。(注3) 心的辞書とは、我々が共有することのできる物理的な国語辞書とは違い、個人個人が頭の中に有する概念群のことである。だからこそ、私たちがある言葉を選んで使用するとき、他者が有する心的辞書に収められた概念とは異なる意味やニュアンスを想定している可能性がある。大体の場合においては、私たちが問題なく他者とコミュニケーションがとれているのは、そのような誤差がコミュニケーションを破綻しない程度で済んでいるからだといえるかもしれない。特に母語話者同士のコミュニケーションにおいては、この誤差が極端に小さいがためにそうした齟齬が意識されることが少なく、コミュニケーションが自然に、正確に行われているような錯覚に陥る。

とくに、外部と「内面性」――体と心・意識――の複合体である他者を理解しようとする場合、そうした誤差と言葉の限界があらわになりやすい。「彼は背が高く、筋肉質で、心優しいナイー

response

ブな青年だ」などとその人の有する性質をどれだけ数え挙げても、その言葉の蓄積によってその人物の存在が明確になるわけではない。むしろその人の性質を言葉で数え挙げれば挙げるほど、「その人らしさ」が捨象されていかないだろうか。「背が高く、筋肉質で、心優しいナイーブな青年なら彼以外にも世界にはたくさん存在している」と。

多言語間での他者理解という段になると、この「捉え難い他者」(l'autre)が「他性・異邦性」(l'étrangeté)を纏って立ち現れることになり、事態は二重に困難となる。現状の機械翻訳は、ポストコロニアルな視点に立つ「可視的な翻訳者」を意識的に目指しているわけではない。「厚い翻訳」のように起点テクストに備わる独自の文化的価値観まで伝達し、その「他性・異邦性」にまで配慮しているわけではないのだ。この問題については、前節の「perspective」の例も参照していただきたい。前節で検討した「perspective」という言葉が醸し出す歴史性と具体性と抽象性にまたがる意味の充溢——言語としての、また外国語としての「他性・異邦性」——は、日本語の「展望」に置き換えられた瞬間に消滅してしまう。

現在のプロの通訳や翻訳家であれば、どのような翻訳の方略をとろうとも、翻訳プロセスにおいて捨象せざるを得ないものが存在していることを意識しているであろう。なぜなら、そうした人々は起点言語(翻訳されるテクストの言語)と目標言語(翻訳されたテクストの言語)の両方について深い理解を有しており、翻訳不可能な——捨象せざるを得ない——部分についてどのように決着をつけるか意識的に判断しているはずだからだ。一方で、機械翻訳はその利用者に起点

response

言語についての深い理解を要求しないし、翻訳プロセスを意識させることもない。起点言語についての理解がなければ、起点テクストと目標テクストの批判的な比較も行うことができないのはいうまでもない。機械翻訳による翻訳が「違和感のない自然な」ものであればあるほど、起点言語が有する「他性・異邦性」はますます利用者にとって不可視なものとなる危険性が高まるだろう。黒木（1996）は、自分の母語や文化を捨てずに異文化に滞在することを、ダグラス・ラミスの表現を使って、「自分自身はぬれないでガラスごしに海の中を疑似体験する」ような「潜水艦の旅行」であると指摘し、そこには「自分の足許を揺るがすような衝撃」（10）はないと指摘している。機械翻訳は「他なるもの」（他言語圏出身者）とのコミュニケーションを助け、新たな他者との関係を開いてくれるが、一方で他者を自分の母語という「慣れ親しんだ環境」に引きずりこむ――「他なるものの他性・異邦性」を捨象する――暴力性を有する。機械翻訳はこうした問題を常にはらんでいる。とはいえ、機械翻訳は加速度的に社会に広まるであろうし、それを止めることはできない。おそらく、こうした機械翻訳を巡る議論も、機械翻訳の普及とともに注目を集めることになるであろう。しかしながら、本論で言及した通り、Poibeau（2017）によれば、不幸にも機械翻訳の研究者や開発者は、「短期的な射程の競争が激しいために機械翻訳そのものが置かれている現在の情勢について吟味する余裕がほとんどない」状態である。一方、トランスレーション・スタディーズや哲学には、機械翻訳とそれを利用する人間との間の関係性を人文主義的見地に立って検討するだけの知見が十分に蓄積されているように思われる。今後、理系／文系の断絶を乗り越え新たな研究の地平を開く動きが、機械翻訳、トランスレーション・スタディーズ、哲学、そしてその他の分野から活発となることを期待したい。

【注】

（1）*Books & Reading : A Book of Quotations*. ed. Tom Crawford (Dover Publications, INC. 2002), p. 33.

（2）ベルマン（2009）のいう「他者」、「他なるもの」、「異なるもの」は、参照したベルマンの著書の原題にも用いられている l'étranger の訳語である。ベルマンの訳者である藤田省一はこの英訳を the foreign としている。一方、レヴィナスや小林（2017）のいう「他者」は l'Autre、もしくは l'autre の訳語である。前者は他言語間の翻訳というプロセスが媒介となって邂逅する「他者」ということを前提としている。また、後者は必ずしも翻訳というプロセスを前提とするわけではない、認識論的文脈において「同じもの」（le même もしくは le Même）と対比される「他者」を指す。詳しくは、ベルマン（2009）四六頁の訳注〔2〕、および小林（2010）109～112 頁「ii 第一哲学としての〈顔〉の倫理」を参照のこと。

（3）スティーブン・ピンカー（1995）「Ⅳ 言語の仕組み――生得のスーパールール」を参照。

第三章　機械翻訳は言語帝国主義を終わらせるのか？
――そのしくみから考えてみる

西島　佑

一　はじめに　――機械翻訳の定義と本章の構成

国際共通語というと、おそらく多くの人々が思いうかべるのは英語だろう。英語は、グローバル化の言語的側面であり、現在では国際共通語とよべる機能をもっている。しかしながら、この国際共通語としての英語の地位には批判もある。

わかりやすい批判の一例としてあげられるのは、英語ネイティブと非ネイティブの非対称性だろう。たとえば英語非ネイティブの研究者が英語で論文を執筆する際、通常ネイティブチェックが要求される。だが英語ネイティブにその必要はない。くわえるとネイティブチェックには、金銭的やりとりが一般に生じるが、ここでも英語ネイティブ使用者は金銭的受益者となる一方で、非ネイティブ使用者は支払い者となる。

また多くの人々が国際共通語である英語を通じて情報を受容することは、英語圏で議論される情報の流通性だけが高まるという指摘もある。つまり英語圏であるアメリカやイギリスなどの事情は、他言語にも通じやすいが、英語以外の言語で論じられている情報は相対的に伝わりにくくなっている。

このほかにも国際共通語としての英語については、すべての人々がみにつけることの非現実性、学習コストの問題、ポストコロニアルな関係、英語だけが価値ある言語とみなされるなどといった批判がある（詳細については、たとえば木村 二〇一六）。もちろん英語という言語そのものに問題があるわけではない。人々が英語という言語そのものに愛着をもつのは自由である。ただし国際共通語としての地位にある英語が、ほかの言語にはない特権性をもってしまうことは否定しがたい。

こうした国際共通語としての英語の覇権的な地位については、すでに研究者らも注目しており、「言語帝国主義」（たとえば Phillipson 1992; 三浦・糟谷編 二〇〇〇、Crystal 1997；サンダルソラ 二〇一〇）という概念で論じられている。そのうえで言語帝国主義とどうむきあうのかについてはさまざまに議論されてきた。本章でも言語帝国主義とどうむきあうのかというテーマを論じたい。ただし、これまでの議論とは、とりあげる観点が異なっている。本章でとりあげるのは、「機械翻訳」というテーマである。

機械翻訳とは、たとえば『Google 翻訳』のようなものをいう。定義を述べると、「機械翻訳とは、コンピューターのような知的機構を利用した自動翻訳」となる。(注1) 機械翻訳というと、誤訳ばかりで使いものにならないといった印象をもつ方もいるかもしれない。たしかに以前は、機械翻訳の研究者でさえ、その精度がなかなかあがらないことを認めていた（長尾一九八六 第八章）。ところが近年この機械翻訳は、急速に技術発展し、社会のさまざまな側面で活用されるようになっている。

たとえば公文書の多言語翻訳を政策として実施しているEUでは、その作業に機械翻訳が不可欠となっている（長尾二〇一六、二）。日本でも二〇一四年に総務省が「グローバルコミュニケーション計画」を発表し、二〇二〇年東京オリンピックをめどに、「言葉の壁」をなくすことがかかげられ、そのために機械翻訳のアプリケーション『Voice Tra』が国立行政法人の情報通信研究機構によって開発されている。科学技術文献のデータベース JDream III には、JSTchina という中国語文献の抄録を日本語で読めるサービスがあるが、近年では文献数の増加にともない、一部機械翻訳のみによって翻訳が行われているようである（中澤二〇一七、三〇五）。

このように機械翻訳は、少し前に考えられていたようにまったく役にたたないものとはいいがたくなりつつある。今後、機械翻訳が技術的により発展し、観光地や国際会議等で使用できるようになれば異言語間での対話の心理的なハードルがさがるかもしれない。

国際共通語、あるいはリンガフランカの歴史を研究したオスラーは、著書『最後のリンガフランカ―バベルの塔の再建までの英語』（The Last Lingua Franca: English Until the Return of Babel）のなかで、機械翻訳が高度に技術発展することで、今後人類が国際共通語を必要としなくなり、英語が最後のリンガフランカになるだろうと述べている（Ostler 2012, 281-3）。もしそのような事態となれば、機械翻訳は、言語帝国主義とむきあう議論においても大きなインパクトとなるかもしれない。

オスラーの予想はあたるのだろうか。筆者自身は、現代の機械翻訳のパラダイムのもとでは不可能であり、むしろ言語帝国主義とされる事態がより複雑に変化していくと考えている。とはいえ、機械翻訳という技術によって今後どのように人間社会のあり方が変わりうるのか、本章の関心からいうと言語帝国主義とされる状況がどう変化しうるのかを考察してもよい段階になってきているのは否めない。

そこで未来において高度な機械翻訳が登場すると仮定したうえで、本当に機械翻訳という技術が、言語帝国主義として語られる人間社会の現状を変えうるのか考察してみたい。

構成としては、まず次の第二節で従来の言語帝国主義とむきあってきた議論に対して、機械翻訳がどういう点で独自性があるといえるのかを考えてみたい。第三節では、機械翻訳が言語帝国主義とされる事態を変えることができるのかを考察するために、そのしくみについて簡単に述べる。しくみを理解することで機械翻訳には、なにが可能で、なにが不可能なのかがわかり、上記の問いにもこたえることができるからである。そして現代の機械翻訳のしくみでは、人間の言語状況の影響をうけることから、依然として諸言語を媒介する国際共通語のような機能が必要とされ続けることを指摘する。つまり言語帝国主義は、機械翻訳によっては終わらないことを述べる。そして第四節では、機械翻訳は、言語帝国主義を終わらせるわけではなく、むしろそのあり様を潜在化させていく旨を論じてみたい。

二　先行研究のなかで機械翻訳はどう位置づけられるのか？

本節では、従来の言語帝国主義とむきあう議論をふりかえりながら、機械翻訳の独自性というものがなにかを考えてみたい。最初に研究者のなかでとくに注目をあつめている議論を記述し、次にそれらに対して機械翻訳がどういった点で独自といえるのかを述べる。

二・一　Van Parijs（ヴァン　パレース）の提案

最初にとりあげるのは、ベルギーの哲学者 Van Parijs の提案である。Van Parijs は、ベーシックインカムの発案者としても知られている（以下、Van Parijs 2012 による。なお Van Parijs の議論については、木村二〇一三の要約が簡明である）。

Van Parijs は、まずグローバルな諸問題を議論するためには国際共通語が不可欠と訴える。たとえば環境問題のように、現代では一つの国家や地域のなかで解決できないものがある。そしてこの問題に対処するためには、さまざまな人々は国境をこえた議論の場に参加することがのぞましい。だが世界には、多くの言語があり、対話は容易ではない。ゆえに国際共通語としての英語が不可欠というわけだ。

それでは Van Parijs は、なにを問題としたのだろうか。彼は、効用理論を用いながら、英語圏の国々とそれ以外の国々とでは、英語を学習するコストにおいて、大きな非対称性が厳然としてあると論じる。英語圏の人々は、第一言語として英語を学習できる環境にあり、異言語間でも英語を使用することができる。だが非英語圏の人々は、多くの場合英語を第二言語として学ばなければならず、そのためのコストも自分たちで払わなければならない。Van Parijs が問題としたのは、こうした英語圏とそれ以外の諸国とのあいだの英語学習コストの非対称性である。

この問題を解決するために Van Parijs は、英語を今よりも世界的に徹底すべきという大胆な主張を行った。英語を世界的に徹底するとは、文字通り地球上の全人類が英語を第一言語としてみにつけるべきだという提案である。この議論によると、最終的に全人類が英語を第一言語として使用するようになることで、学習コストの非対称性の問題を解決できるとしている。

Van Parijs は、そのための方策として、超国家的な政策的処方箋が必要だとも述べている。具体的には、英語圏の諸国は、英語によってさまざまな便益をうけていることから、英語税なるグローバル・タックスをはらうべきであり、その税収は非英語圏の英語教育につかわれるのが望ましいと述べている。

こうした提案は、英語を功利主義的に普及させることでネイティブと非ネイティブの差を縮める議論としては、もっとも体系的ということができる。だが Van Parijs の議論は、グローバル・タックス的な英語税という点は置いておくとしても、英語の世界的普及を徹底するため、英語以外の言語をなくすべきと論じていることには批判が強い（たとえば、Schutter and Robichaud eds. 2016）。

Van Parijs の議論が、英語以外の言語に慣れ親しんでいる人々にうけいれられるとは考えにくい。

二・二　国際英語論

次に国際英語（English as a Lingua Franca）の議論について述べる。国際英語論とは、国際共通語としての英語を特定の社会集団（いわゆる「アメリカ人」や「イギリス人」）が所有する言語とは考えないようにすべきという提案である。(注2)

たとえばアジア圏で英語が使用される局面のことを考えてみよう。アジア圏で使用される英語とは、多くの場合、英語を第二言語として学んだ人々によるものである。こうした英語非ネイティブ間で使用されるときの英語は、ネイティブのようなイディオムや難解ないいまわしを回避する傾向があり、平易ないい方が好まれ、「くずれた英語」であっても問題とはされないことが多々あり、彼らの第一言語の影響がみられる特徴がある。こうした英語は、もはやネイティブ英語とは別物といえる。そこで、ネイティブ英語とは別に、非ネイティブ間で使用されるような英語こそ、国際共通語として認知すべきとの提案がなされたのである。

この議論によると、国際英語は平易であり、ネイティブが使用する英語とくらべると、人々は相対的に習得・使用しやすい。また国際英語論によると、第二言語としてネイティブ英語を使用するとなると、人々は躊躇する傾向があるが、それが国際英語であればそうした心理的負担は軽減するという。その意味で国際英語は、非ネイティブにとって「自主的な英語」だとしている。アメリカやイギリスのネイティブ英語が国際共通語になると、特定の言語が覇権的な地位につく言語帝国主義となってしまうが、国際英語が国際共通語となれば、ネイティブと非ネイティブの非対称性が薄れるので、言語帝国主義も緩和できるのではないか、このように国際英語論では考えられている。

国際英語論の最大の強みは、すでにある程度現実となっていることだろう。非ネイティブ間で英語が使用されることは、現代では比較的よくあることといってもさしつかえはない。国際英語論は、提案としての実現性が高い。

この国際英語論につきまとう批判としては、本当にネイティブ英語の影響を無視することができるのかというものがある（Fiedler 2010, 9）。国際英語がつかわれる場が成立しても、その場にネイティブ英語の使用者があらわれると、やはり他の者もひきずられてしまうのではないか。そうした疑念がぬぐえないというのである。こうした批判は、とくに次で述べるエスペラント主義とでもよべる主張を行う人々から提起されている。

二・三　エスペラント主義

エスペラント語は、一九世紀にポーランドの医師ルドヴィコ・ザメンホフによって構想されたことを起源とする。もともとエスペラント語は、思想的には諸民族の争いをとめるために考案された。しかし、二〇世紀をとおして次第にザメンホフの影響から離れ、エスペラント語の使用者たちによってこれを国際共通語にしようという動きとなり、広まっていった経緯がある。本章では、こうしたエスペラント語を国際共通語にすべきという議論を「エスペラント主義」としたい。

現代のエスペラント主義者たちの主張を要約すれば次のようになる。(注3) まずエスペラント語は、不規則変化といった文法的例外事項がなく、言語としては習得しやすい。またエスペラント語は、Van Parijs と違って諸言語をなくすことを目的とはしていない。この言語は、さまざまな土着語と共存することを目的としている。そしてエスペラント語は、第一言語使用者がほとんどいない言語であることをもって、国際共通語として望ましい。

仮に、エスペラント語が国際共通語となれば、大多数の人々は第二言語として学ぶことになるだろう。たしかにそうなれば、言語帝国主義として提起されているネイティブ・非ネイティブ問題や、英語のポストコロニアル問題等は発生しないか、ひかえめにいっても生じにくくなるだろう。

ただしエスペラント主義には、実現性が低いという批判は多い。特定の大国の言語でないことは、逆に世界的に普及させていく手段が乏しいともいえる（詳細はカルヴェ 二〇一〇、第一八章）。エスペラント主義のこうした点をかんがみて、岡崎と鎌田は、エスペラント語と国際英語論の双方を評価しつつ、国際共通語としての英語を可能な限りエスペラント化（計画言語化）することを提案している（岡崎・鎌田 二〇一六）。これは実現性に強みはあるがネイティブ英語の影響がぬぐえない国際英語論に、計画言語化という発想をつけくわえることで、両者の長所を生かし短所を補おうとする考え方といえる。

二・四　機械翻訳はどう位置づけられるか？

それでは言語帝国主義とむきあう従来の議論のなかで、機械翻訳はどういった独自性があるのだろうか。(注4)これまでの議論は、いずれもさまざまな言語の膨大なくみあわせを縮減する「国際共通語の機能」そのものを否定することはできなかった。これについて、少し説明が必要になるだろう。

さまざまな言語があるなかで、国際共通語の機能を否定できなかった理由は以下から説明することができる。仮に国際共通語の機能がないと考えてみよう。世界の言語の数がn個（L1, L2… Ln）だとすると、異言語間の対話（Li↔Lj）には、Ln（n−1）の組みあわせがある。たとえば言語の数が五〇〇〇だとすると、5000×4999となる。この組みあわせは膨大であり、事実上あらゆる言語を超えた対話が不可能であることを示している。だが、ここで国際共通語があるとすると、2n通りの組みあわせに縮減される。この組みあわせを縮減する機能があることが、国際共通語を必要とさせているのだ。

先行する議論は、国際共通語の機能は不可欠としたうえで、その問題点を各々にとらえ、英語の世界的な普及（Van Parijs）、非ネイティブ化（国際英語論）、代替として計画言語の提案（エスペラント語）、そして国際英語の計画言語化（岡﨑・鎌田）といった解決策を提唱してきた。

これに対して、機械翻訳の独自性とは、国際共通語の機能そのものをなくせると主張していることだろう。これは冒頭で述べたオスラーが、いずれなくなるという意味で英語を「最後のリンガフランカ」としていることからもうかがえる。「機械翻訳が言語帝国主義を終わらせる」という主張が意味しているのは、言語の膨大な組みあわせを、国際共通語の機能なしに、技術的に解消できると信じていることにある。

そうであるならば、機械翻訳の手法が、そのようなことを可能とするしくみとなっているのかを見極める必要がある。そこで次節では、機械翻訳のしくみをみていくことで、そうした疑問に答えることをこころみたい。

三　機械翻訳のしくみ

本節では、現代の機械翻訳のしくみでは、言語帝国主義は終わらない旨を論じたい。現代の機械翻訳は、人間の言語情報を統計・確率的に学習することでつくられているが、言語情報はすべての言語に均等にあるわけではない。そのため異言語間を媒介する機能を依然として必要とし続けると考えられる。本題にはいる前に、まずは機械翻訳のしくみを歴史と手法のパラダイムから簡単にみていこう。

三・一　機械翻訳の略史と手法

機械翻訳は、人工知能の一種であり、実際に人工知能の歴史と共に発展してきたといえる（人工知能の歴史については、小林二〇一五、松尾二〇一五）。機械翻訳というアイデアが生まれたのは、ウォーレン・ウィーバーというアメリカの数学者が、私的な手紙のなかで後の機械翻訳に通じる発想を述べたことからはじまるとされる（中澤二〇一七、二九九）。研究としての機械翻訳は、一九五四年にジョージタウン大学の研究グループとＩＢＭ社が共同で発表したことからはじまっている。しかしながら、こうしてはじまった機械翻訳研究は、当時は衝撃をもってうけいれられたものの、その後遅々として進まない状況が続くこととなった（渡辺他二〇一四、二）。

・ルールベースの登場

一九七〇～八〇年代の機械翻訳は、ルールベース（rule base）とよばれる手法が主流であった。ルールベースとは、人間が文法をてがかりに言語を処理するルールを設計し、コンピューターのような知的機構によって自動的に翻訳がおこなわれる手法である。人間が文法書や単語帳から言語を学習するように、文法と辞書的なデータを用いて機械翻訳をつくればうまくいくに違いないというわけだ。

ところが、この手法には問題が生じた。問題とは、文法には多くの例外事項があり、そのような例外事項を人間が逐一設計していくのは現実的ではないことであった。人工知能がさまざまな例外事項に対応できない問題を「フレーム問題」（frame problem）とよぶが（McCarthy 1968；McCarthy & Hayes 1969；松原一九九〇）、言語の例外事項に対応できない事態は、まさに機械翻訳におけるフレーム問題であった。フレーム問題は、機械翻訳研究を再び停滞させることとなった。

・統計機械翻訳の登場

こうしたなか長尾らの研究（Nagao 1984 ; Nagao et al. 1985）など、ルールではなく、対訳データを用いた翻訳が提唱されることとなった。また一九八八年にはＩＢＭが文法ではなく、単語ベースの統計によって言語を処理する手法を提唱した。こうした手法は、それ以前のルールベースではなく、対訳データを統計学的に処理する手法であることから、統計機械翻訳（statistical machine translation, SMT）とよばれるようになる。コンピューターの処理速度があがり、デジタルデータを大量に処理できる環境が整ったことも加わり、機械翻訳は大量の対訳データを統計的に処理するモデルにパラダイムシフトしたのである。

・二つの手法の違い

ルールベースと統計機械翻訳の手法の違いは、人間が言語を学習するときの類推で考えてみるとよいだろう。ルールベースによる機械翻訳は、文法や辞書的なデータを人間が人工知能に教えていく手順になることから、人間が第二言語を学習していく過程と似ている。われわれが第二言語を学習する際、とりわけて学校等で習得する場合、文法や単語から学ぶことが多いが、ルールベースはこうした手法と類似している。

これに対して統計機械翻訳は、文法といった事項ではなく、大量の対訳データを統計処理することでつくられる。こちらのほうは、人間が第一言語を学習するときのアナロジーと親和的である。というのは、ほとんどの場合、人間が第一言語を学ぶのは文法からではなく、周りの人々（親であることが多いだろう）の言語データを吸収することによっているからである。

統計機械翻訳は、データさえあたえれば自動的に翻訳システムを生成するので、多言語翻訳に強いのも特徴である。（注5）ルールベースでは、人間が逐一設計しなければならないので、多言語翻訳は大変な労力を必要とする。

・ニューラル機械翻訳

統計機械翻訳の手法は、二〇〇〇年代まで主流であった。その後に統計機械翻訳の手法は、二〇一〇年代の半ばごろから機械学習とむすびつくことで、近年ではニューラル機械翻訳（neural machine translation, NMT）とよばれるようになっている。二〇一六年一〇月には、グーグルが、ニューラル機械翻訳の手法をもちいた新たな機械翻訳『Google ニューラル機械翻訳』（Google's Neural Machine Translation, GNMT）を公開している。このニューラル機械翻訳の手法は、従来のものとくらべて大幅に性能があがったといわれている（Wu et al. 2016）。Google 翻訳の精度向上は、各種メディアでもとりあげられた。

ニューラル機械翻訳と統計機械翻訳は、モデルの形成や抱えている課題に違いがあるとされているが（中澤 二〇一七）、パラダイムとしては統計翻訳と変わらない。つまり文法的なルールによって機械翻訳を設計するのではなく、大量の対訳データを処理することで機械翻訳をつくるのである。現在、機械翻訳は、こうした機械学習がとりいれられたことで、人工知能の最難問とされるフレーム問題の突破が期待されている（松尾 二〇一五）。もしそのような事態になれば、機械翻訳の精度も飛躍的にあがることが期待できるだろう。

三・二　諸言語を媒介する機能はなくせるか？

それではオスラーがいうように、このまま機械翻訳の技術革新がおこなわれれば、国際共通語のような諸言語の組みあわせを縮減する機能はなくせるのだろうか。筆者には、少なくとも現代の機械翻訳のパラダイムでは、そう簡単にはいかないように思えてならない。それは機械翻訳のしくみからうかがうことができる。

ニューラル機械翻訳は、多言語翻訳の構築に強いという特徴がある。これは言語帝国主義とむきあうには大きな強みである。多言語翻訳の構築が容易であればあるほど、国際共通語のような諸言語を媒介する機能を不要とするからである。

だが問題は、対訳データがなければ、翻訳そのものを構築することがむずかしいことにある。対訳データとは、文字通り「サトウはスズキが好きだ ↔ Sato likes Suzuki」といったデータのことだ。こうした対訳データが大量に必要となる。どれぐらい必要になるのかは研究者でも判断しかねているようだが、一〇〇〇万とも一億とも述べられている(新井二〇一八、第二章)。機械翻訳を構築するためには、この規模の対訳データが必要とされているのだ。

対訳データの問題は、大言語同士であれば気にする必要はないのかもしれない。たとえば日本語と英語のような大言語同士であれば、対訳データは大量にあることから、このまま機械翻訳の精度を上げ続けることは可能だろう。しかし、たとえば使用者の数が一万人に満たない少数言語の場合はどうだろうか。このような小規模の言語の場合、政治、経済、社会、文化あらゆる領域において使用されているとは限らず、ほかの大言語で代用されている例が多い。たとえば途上国の多くの大学では、土着語ではなく、多くは旧宗主国の言語が(英語とは限らないが)つかわれている。つまり少数言語は、大言語とくらべて、対訳データが少ない傾向にある。こうした状況となっているのは、ポストコロニアルや言語の近代化などさまざまな要因によって形成されてきた背景があるためだ(こうした諸相の概観については、たとえばNeustupný 2006を参照)。

たしかに現代の機械翻訳の手法は多言語翻訳を構築しやすい。だが、その機械翻訳の構築に不可欠な対訳データは、すべての言語で均等にあるわけではない。このままでは多言語翻訳は、かなり限定的とならざるをえない。

もっともこの問題は、機械翻訳の研究者も把握している。研究者らが考える解決策は、英語を機械翻訳の仲介言語とすることである。これは、たとえ小規模の言語であっても、英語とだけは対訳データが相対的に多いことがほとんどであることからきている。たとえば、アイルランド語と日本語の対訳データは少ないだろうが、アイルランド語と英語、日本語と英語の対訳データは相対的に多い傾向がある。それならば、アイルランド語と日本語の翻訳も、あいだに英語をはさむことで可能となる。これが解決策として提示される根拠となっている。だが、これはつまるところ、仮に高度な機械翻訳が登場したのだとしても、膨大な言語の組みあわせを縮減する国際共通語の機能が、仲介言語というあり様に変わって残り続けることを意味している。

三．三　技術的解決はありうるのか？

技術発展によって、英語を介さない多言語翻訳を実現することは可能ではないかという疑問をもたれるかもしれない。次節へ進む前に少しだけこの点にふれたい。英語を仲介言語にしない多言語翻訳システムは、技術者らも模索している。たとえばグーグルの研究チームが発表したゼロ・ショット翻訳（zero-shot translation）という発想がある（Johnson et al. 2016）。これによると人工知能は、機械学習をへていくなかで、独自の内部言語を開発するようになったという。内部言語（Interlingua）とよばれるその言語は、抽象的なイメージに近いと考えられている。

これまでの機械翻訳では、英語が仲介言語としてつかわれていた。だがＡＩが内部言語を構成し、仲介言語として使用できるのであれば、対訳データがない言語間での翻訳も可能かもしれない。つまり内部言語を用いることで、英語を仲介言語としないあり方の可能性がみえてくる。ゼロ・ショット翻訳は、Google 翻訳への導入が提唱されている。

もっとも、仮にゼロ・ショット翻訳のようなモデルが可能であったとしても、それが仲介言語を使用する点は同じである。英語であれ、内部言語であれ、なんらかの仲介言語の機能が必要とされる。このことは、言語帝国主義を機械翻訳によって解決することを期待する人々が予想していなかった事態をもたらすかもしれない。次節では、そうした点を論じてみたい。

四　言語帝国主義の潜在化

仮に高度な機械翻訳が登場しても、仲介言語を必要とする。これのなにが問題なのだろうか。もちろん、単に「仲介言語をつかうと、二言語間の翻訳よりも質が落ちる」ということもできるが、ここで指摘したいのは別のことである。

本節で指摘したいのは、①仲介言語によって生じることと、②機械翻訳の社会的受容の問題である。言語帝国主義は、人々が機械翻訳を使用するレベルではみえなくなっても、実際の翻訳過程では仲介言語という機能として、残り続ける。こうしたことに人々はより気づきにくくなることが予想される。本章ではこれを「言語帝国主義の潜在化」として提起してみたい。以下では、まず仲介言語が設けられることによって翻訳にどのような影響を及ぼすのかについて述べる。次に、潜在化とよべる事態を人間社会と技術という観点からみた場合にどのような問題が浮かびあがってくるのかについて論じてみたい。

四・一　言語の視点

仲介言語の問題とは、翻訳される文章に、仲介言語となる言語の視点が相対的に大きな影響力をもつのではないかということである。言語学者の池上嘉彦は、「世界がどうみえるのか」という視点が、言語もしくは言語使用によって異なってくると述べる（池上 二〇〇六）。本章では、この世界がどうみえるのかという視点を、言語によって生みだされる、もしくは言語を通じて想起される知覚の慣習としたい。たとえば同じ風景をみても、言語によってその風景を記述する視点が異なるときがありうる。ここで日本語と英語の視点の違いを一つみてみよう。川端康成の小説『雪国』の冒頭は、汽車に乗った次の一文からはじまる。

（a）「国境の長いトンネルを抜けると雪国であった」（川端 一九三七、二六五）。

おそらく、多くの日本語使用者にとってこの一文は、汽車に乗った自分の視点からトンネルを出て雪国がみえはじめる光景を想像するのではないだろうか。日本語の視点では、自分の目線から景色をみるような表現となる傾向がある。ところが英訳された *Snow Country* だと該当箇所は次のようになっている。

（b）The train came out of the long tunnel into the snow country（英訳 1996, 1）。

（b）では、（a）のように自分の視点から雪景色がみえてくる様子を想像することはむずかしい。むしろ客観的に汽車がトンネルから出てくるような光景を想像するのではないだろうか。

これが誤訳ではないとするなら、なぜ日本語と英語でこのような表現に違いがあるのだろうか。ここには言語が異なると視点が変わることが示唆されている。日本語が自己から客体をみるような傾向であるとするなら、英語は、客体から自己をみる傾向があるという解釈がでてくる。

四・二　サピア＝ウォーフ仮説

「言語が異なれば世界が違って見える」という考え方は、現代ではサピアとウォーフの「サピア＝ウォーフ仮説・言語相対性仮説」（Sapir 1921；Whorf 1956）が知られている。この仮説は、「どんな言語でも等しく世界を知覚・記述できる」と仮定する生成文法学派と対立関係にある。長らく後者を支持する研究者が多かったが、近年では心理言語学の実験的手法により、サピア＝ウォーフ仮説を支持する研究（Athanasopoulos et al. 2015）や、生成文法学派の支持者のなかにも言語が異なると視点が変わることを部分的に認めているもの（Deutscher 2010）もある。また認知言語学では、サピア＝ウォーフ仮説を穏健化した「弱い仮説」を支持するレイコフのような立場（Lakoff 1987）もある。

この場でどちらが正しいのかを論じることはできないが、少なくとも片方の仮説だけを支持することはむずかしくなりつつあるということはできるだろう。おそらく諸言語の視点には、共通性もかなりあると思われるが、言語が異なることで世界観が変わることもありうる。雪国と *Snow Country* の冒頭の一文の違いは、日本語と英語の視点が異なることがありうることから生じていると思われるのだ。

四・三　仲介言語によって失われるもの

『雪国』の一例は、人間の翻訳で生じたことであるが、機械翻訳は人間の対訳データからつくられるため、機械翻訳にも同様のことが起こりうると考えられる。またこれは英語だけに生じることでもなく、あらゆる言語間で起こりうる。他方で翻訳によって表現が変わることは、新たな解釈・表現を生み出すことでもあり、ただちにそれが問題といいきることもできない。

だが機械翻訳が、多言語翻訳を実現していくために特定の言語（英語であれ、内部言語であれ）を仲介言語にするとなると話は変わってくる。これは翻訳される文章において、仲介言語だけの視点が相対的に強くなっていくと思われるからだ。次の例から考えてみよう。二〇〇四年に刊行された『雪国』の新しいドイツ語訳 *Schneeland* の冒頭は、以下のようになっている。

（c）Jenseits des langen Tunnels ershien das Schneeland
（筆者訳：長いトンネルのむこうに雪国があらわれた）

英訳とは異なり、（c）では、日本語の視点を表現しようとしていることがうかがわれる。注意していただきたいのは、ここで筆者が述べたいのは、ドイツ語のほうが英語よりも日本語の視点をうまく表現できるということではない。また英語で、日本語の視点を表現することは、絶対にできないということでもない。英語でも、ドイツ語のような訳は可能だろう。ここで問題にしているのは、『雪国』の事例において、もし日本語↕ドイツ語のあいだに仲介言語として英語がはいっていたら、おそらくドイツ語版は違う訳になっていたのではないかと思われることだ。

『雪国』のほんの一例からでもうかがえるのは、仲介言語を介することで、ほかの言語間での翻訳であったら生まれたかもしれないさまざまな表現の可能性を制限してしまうことである。これが仲介言語を設けることによって失われるものといえるだろう。もちろん、こうしたこと自体は、人間の翻訳でもおこってきた。だが高度な機械翻訳が登場するとなると、これまでにない速度で仲介言語を介した翻訳文章がつくられていくことになる。これがどのような効果を、どの程度われわれの言語にあたえるのかは、予想しがたい。

このように述べると、筆者は、「多言語翻訳への要求が理想主義的すぎる」という批判をうけるかもしれない。あるいは「サピア＝ウォーフ仮説を重視しすぎている」と思われるかもしれない。だが、この言語の視点についての議論はこれで終わりではない。言語の視点に関することは、次の機械翻訳がつくられる社会的状況とあわさって一つの問題を形成すると考えられるのだ。

四．四　言語帝国主義の潜在化

仲介言語と言語の視点の議論は、機械翻訳が制作・使用される社会的状況とあわさって、言語帝国主義の潜在化とでもよべる事態を形成すると予想される。これを人間社会と技術をめぐる問題としてとらえてもよいだろう。この問題を論じるためには、レッシグの議論からはじめる必要がある。レッシグは、インターネットを事例にアーキテクチャという問題を批判的に考察している（以下は、Lessig 2000 によっている）。彼が述べるアーキテクチャとは、人々のふるまいを決める設計である。たとえばアメリカの病院や劇場には、携帯電話の電波を遮断するようにつくられている箇所があるという。これはアーキテクチャによって、人々に特定の行動をさせないように（この場合は、携帯電話がかけられないように）規制されていることを意味している。

アーキテクチャによる規制のなにが問題なのか。それは一般の人々は、どのようなアーキテクチャが設けられているのかを十分に知る機会をあたえられず、アーキテクチャの設計者だけが規制を構築することができることだ。たとえ問題のあるアーキテクチャの規制が設けられていたのだとしても、一般の人々がアーキテクチャを設計しなおすことはできず、なにより自分たちのふるまいがどう規制されているのかに気づかないことがほとんどである。レッシグが問題にしたのはインターネットであるが、この論理は、機械翻訳と、その使用者との関係にみいだすことも可能だろう。

機械翻訳をつくるのは技術者であり、一般の人々は事実上その制作に関わることはできない。どの言語間で仲介言語が使われているのかも、われわれが知るのは容易ではない（こういった情報は、公開されていないことが多い）。

「言語が異なると世界が違ってみえる」というサピア＝ウォーフ仮説をどこまで支持できるのかが未確定なのだとしても、われわれがこうしたことを認識し、判断することなく、技術者たちによって人々の言語使用のふるまいが決められてしまっている。そして多くの人々は、このことに気づくこともないまま、仲介言語の視点の影響を受けることになるかもしれない。こうしたことはこれまでの言語帝国主義とは異なる点である。

すでに多くの人々が使用する『Google 翻訳』等では、英語を仲介言語とする翻訳の組みあわせは存在している。言語帝国主義の潜在化は、すでにはじまっているといえるだろう。そしてこれは内部言語のような言語が仲介言語となっても、問題の構造自体は変わらない。というのは内部言語が抽象的なイメージであっても、その言語には、なんらかの視点があると思われるからだ。おそらくその視点は、内部言語を構成していくために用いられる言語データの影響を強く受けたものではないだろうか。そうであるならば、それはあらゆる言語にとって中立といえるものではないことになり、英語を仲介言語とするのと同様の問題を抱えることに違いはないだろう。

四・五　社会と技術

つまるところ人々がどのような機械翻訳を望むのかという議論がないまま、設計者の判断によって仲介言語が決められている。高度な機械翻訳ができれば、翻訳された文章は、飛躍的に増加し続けるだろう。だが、知らぬまに翻訳される文章のなかで、仲介言語の視点が強く残るかもしれない。そしてこれは、人々が機械翻訳を使用するユーザーレベルでは、気づきにくいことでもある。本章で指摘したいのは、高度な機械翻訳が登場するのだとしたら、こうした事態が予想されるのではないかということだ。

機械翻訳という技術が人間社会を変えるのか。たしかに表層的には、機械翻訳により、国際共通語（英語）の覇権的地位は、低下ないしは消滅したようにみえるのかもしれない。だが、このことをもって、言語帝国主義は終わったということはできない。言語帝国主義は、水面下における仲介言語の視点の拡大となって残り続けるだろう。機械翻訳が言語帝国主義を終わらせるのかという問いに対する答えは、否である。

オスラーを含めて、言語帝国主義とむきあう議論のなかで機械翻訳に期待する人々が、こうした事態を望んでいるとは考えにくい。そうであるならば、このような問題に対して、どのような対応がありうるのかということこそ、われわれが考えていかねばならない課題ということになる。

五　おわりに

本章では言語帝国主義とされる状況を、機械翻訳が終わらせることができるのかという問いから論じてきた。結論は否である。むしろ言語帝国主義は潜在化することで、自らが特定の言語の影響下にあることを多くの人々が認識しにくい状況になることが予想される。

このような状況に対して、さまざまな対応を考えていく必要があるだろう。機械翻訳に仲介言語が不可欠であるのならば、それはどの言語であるべきか。どの程度の情報公開が必要になるのか。機械翻訳を使用すべきではない局面があるとすれば、それはどういったときだろうか。グーグルのようなグローバル企業は、機械翻訳をつくることに影響力をもっているが、われわれは、いかにそれを統制することが可能なのか。現状は、こうした議論がまったくといっていいほど存在しないまま、技術発展だけがすすめられている。

また機械翻訳と言語帝国主義というテーマについて、本章で論じているのはごく一部であることも明記しておきたい。たとえば本章では英語にばかり焦点をあててきたが、機械翻訳は英語以外の大言語の力を増す作用もあるかと思われる。現代でも大言語さえ学べば、さまざまな情報にアクセスしやすくなる状況があるが、機械翻訳はそうした傾向を強めると思われる。これは少数言語使用者にとって、自身らの言語を英語や英語以外の大言語に切りかえる強い動機になると考えられる。そのため、いわゆる少数言語が大言語に吸収されていく「言語ジェノサイド」問題（Skutnab-Kangas 1999）を加速させるかもしれない。

たしかに機械翻訳技術の進歩は著しい。けれどもそれにともなって、これまで考えられてこなかった問題が、次々と噴出することが予想される。今後機械翻訳のユーザーとなるわたしたちは、ただ新たな技術を享受するばかりではなく、このような技術とどうつきあっていくのかを考えていく構えをもつことが必要なのだ。

【注】

（1）ただし機械翻訳の定義は、機械翻訳がどの程度実用化されているのかによって変化していく。たとえば新田は、現状では機械翻訳は人間の翻訳のかわりになっていないことから、機械翻訳をコンピューターのような知的機構を利用して、人間の翻訳を援助する方法・理論・手段と定義している（新田二〇一二、二四－五）。現段階では、新田の定義のほうが正確だろう。

（2）国際英語論とされるこの議論は、歴史的にWorld Englishes（Kachru 1976）、English as an International Language（Smith 1983）、English as a Lingua Franca（Seidlhofer 2001；Jenkins 2007）などとよばれてきており、それぞれ内容が異なっている（くわしくは吉川二〇一六、八－一三）。本論で述べているのは、この内のEnglish as a Lingua Francaの概念となっている。

（3）エスペラント主義を代表するものとしては、一九九六年の第八一回世界エスペラント大会で採択された「MANIFESTO DE PRAGO de la Movado por la Internacia Lingvo ESPERANTO」（国際語エスペラント運動に関するプラハ宣言）がある。

（4）実現性についてもここで少しだけふれておきたい。先行する研究のなかでもっとも実現性が高いのは、すでにある程度現実となっている国際英語論の議論だろう。他方、高度な機械翻訳が実現するかどうかは、その基盤にある数学の手法（論理、統計、確率）が、言語を表現できるモデルをつくれるか否かによっている。

ただし実現性は重要な論点だが、本章ではひとまずカッコにいれておきたい。

（5）ただし、「教師データ・訓練データ」とよばれるデータが同時に必要であり、現在これは人間がつくらなければならない。この点までふくめると、現段階において機械翻訳の構築は、完全に自動的につくられるといえるわけではない。

comment

▼西島論文へのコメント

塚原信行

コメンテーターが理解したところでは、西島論文の問いは「ある言語が国際共通語となることで生じる問題の解決に、機械翻訳は役立つか」と絞り込むことができる。「生じる問題」とは、具体的には「国際共通語としての地位にある英語が、ほかの言語にはない特権性をもってしまうこと」である。その解決に機械翻訳が役立つ可能性を原理面から検討し、機械翻訳であっても結局は共通語（仲介語）を用いる以上、国際共通語のくびきからは逃れられないと結論づけている。

管見では、西島論文の意義は、機械翻訳の発展が言語ヒエラルキーという社会的事実によって制約されると指摘した点である。この指摘は、人間が作成した文書を用いた機械学習によって鍛えられたＡＩが、人間の持つ偏見を取り込んでしまったという事例に通じるところがある（Hsu 2017）。一方で、紙幅の関係もあってか、立論が少々広がりに欠けるようにも思われる。以下では、議論を広げ深めることを目的とした一つの問いかけをしたい。

前半の議論を再確認すると、第一節で、国際共通語が不可避的に特権性を帯びることを問題として指摘し、第二節では国際共通語の機能のあり方をめぐる議論を三つ（ヴァン・パレースの提

comment

案、国際英語論、エスペラント主義）紹介し、これら議論に対して機械翻訳が持つ独自性を提示するという展開になっている。この展開については西島自身が次のようにまとめている。

先行する議論は、国際共通語の機能は不可欠としたうえで、その問題点を各々にとらえ、英語の世界的な普及（Van Parijs）、非ネイティブ化（国際英語論）、代替として計画言語の提案（エスペラント語）、そして国際英語の計画言語化（岡﨑、鎌田）といった解決策を提唱してきた。これに対して、機械翻訳の独自性とは、国際共通語の機能そのものをなくせると主張していることだろう。

西島が説明するように、紹介された議論は「国際共通語の機能」が問題解決のカギだと見なしている。つまり、すべての人の間でコストが低いコミュニケーションを実現させれば、言語帝国主義を解消できると見込んでいる。例えば、ある日突然、全人類がテレパシーでコミュニケーションできるようになれば、言語帝国主義は霧消するということになる。続けて西島は、この見込みを前提として、機械翻訳がそうした見込みに応えうるかについて原理的な検討に入る。

ここで西島が前提として受け入れてしまっているであろうことをあらためて文章化すると、「言語帝国主義は、コストなしに皆が同じ言語を話すことができれば解決する問題だ」ということになる。もしそうであるなら、すでに皆が同じ言語を話している共同体の内部には言語帝国主義は

comment

存在しないということになる。一つの言語の中に、上位変種／下位変種、あるいは標準語／方言といったヒエラルキーが社会的事実として生じていることは珍しくないが、これは言語帝国主義ではない、ということになる。

しかし、言語帝国主義をめぐるこれまでの議論は、言語帝国主義を定形の事象としてのみ理解してきたわけではない。例えば、すでに九〇年代終わりに、言語帝国主義という概念について糟谷は次のように述べている。

> 現実をあますところなくとらえる厳密で包括的な定義を求めるよりは、言語帝国主義という概念を、新たな発見をうながすような**問題発見的な性格**のものとしてとらえるべきであろう。そして、重要なのは、そこから**批判的な契機**をぬきとらないことである（糟谷 二〇〇〇、二七六、強調は原文）

こうしたことを踏まえれば、場は異なっても、構造は同じであれば、言語帝国主義、少なくとも言語帝国主義的現象とみなせるし、みなすことで得られる発見もあるだろう。

実際のところ、西島論文では、言語帝国主義についての定義は現れない。言語帝国主義とは何かということについて、すでに了解済みであるかのように議論が進む。おそらくそれが原因で、言語帝国主義の多様な側面について、機械翻訳がどのような関わりを持ちうるかを検討する契機が失われている。

そこで、次に言語帝国主義についてコメンテーターなりの定義を示し、あらためて機械翻訳の可能性について問いかけたい。

言語帝国主義とは、言語へゲモニーによって構築され維持される言語ヒエラルキーに基づいた特定のコミュニケーション様式を所与として出現させる社会的条件の総体である。また、言語へゲモニーとは、言語に関する「〈自発的同意〉を組織する権力」（糟谷二〇〇〇）である。

言語帝国主義をあらためて以上のように定義した時、「機械翻訳は言語帝国主義を終わらせるのか？」という問いに対してどのような答えが可能だろうか。

response

▼塚原コメントへの応答
機械翻訳と権力の諸問題についての試論

西島　佑

(一)

塚原氏からの問いかけは、次のようなものだと考えられる。特定の言語（ひとまず英語としよう）の覇権的な地位を、人々が疑問すら抱かず、自発的にうけいれている社会状況を形成する権

response

力のあり様が、機械翻訳の登場によって終わるのだろうか。あるいは終わらないとしたら変わるのだろうか。変わるとしたら、どのような変化と考えられるのだろうか。専門的な話なので、まずは「覇権的な地位」や「自発的な同意」といった点を説明しておこう。

日常的に英語は「国際共通語」とよくいわれている。たとえば英会話教室の広告は、「英語は地球語」などといった文言であふれている。ここには暗黙の言語ヒエラルキーがあるといえないか。これほど英語だけを学ぶ価値のある言語とする認識が強いことは、その反対として、ほかの言語には「学ぶ価値がない」というメッセージを暗黙に発しているのではないだろうか。筆者の勘ぐりと思われるかもしれない。だが、たとえば日本の多くの学校では第二言語が英語となっているが、少なくない人々はそのことを無批判にうけいれている。ここで、筆者が「学校教育における第二言語教育は、英語以外の言語も認めるべきだ」などと主張しても、賛成する者はそう多くないだろう。覇権的な言語（英語）への自発的な支持とは、こうしたことを意味している。

このような言語のヒエラルキーを当然のものとし、同時にそれが人々の自発性による支持を得ている状況をつくりだす特有の権力とはなにか。なぜ、どのようにこうした権力は形成され、維持されているのだろうか。この問題について、言語帝国主義に関する研究では、さまざまに議論されている。たとえば歴史的に大英帝国やアメリカ合衆国という、英語圏の超大国が続いたことによって、現代では英語が支配的な言語となった、といった説明はわかりやすいかと思われる。

それでは機械翻訳によって、このような状況を形成する権力のあり様は終わるのだろうか。筆者の考えでは、終わりはしないが、そのあり様は変わる。すなわち、機械翻訳を介した新たな（潜在化した）言語帝国主義の形成を予想することができる。潜在化する言語帝国主義とはいかなるものなのか。塚原の問いかけに沿いつつ、第三章とは異なる角度から考えてみたい。

（二）

塚原が定義する言語ヘゲモニーとは、糟谷が述べている「言語に関する〈自発的同意〉を組織する権力」である。この定義は、グラムシの支配概念の一つ「ヘゲモニー」に由来している。覇権（ヘゲモニー）とは、物理的暴力を用いた「強制」による同意のない支配とは異なり、人々が自発的に支配されることへの合意によって成り立つとされている。もう少し述べると、この「合意」には、支配階級が国家機構など通じて、被支配者の合意を調達すること（被支配者にとって受動的）、そして被支配階級が能動的に支配されることを望む点と、二つの側面がある。英語の言語帝国主義の場合、たとえば教育機関で英語の科目が設けられたり、英語の試験が学生に課される状況などが被支配層にとって受動的といえ、それを前提にして英語のテストで高得点をとろうと積極的になるのが被支配層の能動性（自発的同意）といえる。この支配層（権力者）と被支配層（被権力者）の枠組みで機械翻訳を考えてみよう。

英語の言語帝国主義の場合、支配階層・権力の行使者にあたるのは、マクロには大英帝国やアメリカということになるだろう（フィリップソンなど）。ミクロのレベルでは、たとえばグロー

response

バル化を「英語化」と考え、学校教育等での推進をすすめたいと考える教師が権力者といえる。ここでの特徴とは、マクロ・ミクロに関わらず、権力を行使する者の存在は、アメリカや英語の教師といったように、比較的に明確ということである。ところが機械翻訳の場合は、権力者の存在が明確であるとはいいがたい。どういうことだろうか。

機械翻訳を介して人々の自発的同意を組織する者とはだれだろうか。たとえば、機械翻訳によってなんらかの利益を得る企業や技術者ということになるのだろうか。だが、アメリカやイギリスが英語を普及させようとするのはわかるが、機械翻訳はどんな言語を普及させようとしているのだろうか。またグラムシ的なヘゲモニーの場合は、国家機関を通じた上から合意を組織する側面もあったが、機械翻訳の場合には、そうした国家機構的な組織があると指摘することはむずかしい。たとえば学校での英語教育を生徒が拒むことは決して簡単ではないが、ユーザーが機械翻訳を拒否することは容易い。また英語帝国主義では、「教育」がヘゲモニーにとって重要であった。ところが、これも機械翻訳の場合には該当しない。機械翻訳が支持を得るのは、たとえば「翻訳精度」の多寡といったこととなるだろう。「高い精度」であればあるほど、人々から合意を調達＝機械翻訳を使用する動機を高めやすい。

英語と機械翻訳、二つのヘゲモニーは異なっている。そのためか、両者には緊張関係も多い。英語教育者の機械翻訳に対する警戒心などが象徴的だ。緊張関係があるということは、両者は利害が折り合わないということである。英語と機械翻訳による二つのヘゲモニーは異なるといえる

response

が、それはどのような違いなのだろうか。これを「権力者がAからBに変わった」といった明解な形でいうのはむずかしいように思われる。第三章の論文でも、アーキテクチャの設計者の権力性を指摘したが、設計者がだれなのかを具体的に挙げることはできなかった。筆者が「潜在化」という語を使用するのもこうした明確とはいいがたい側面に注目したことからきている。

㊂

次は、塚原の言語帝国主義の定義をみてみよう。言語帝国主義とは「言語へゲモニーによって構築され維持される言語ヒエラルキーに基づいた特定のコミュニケーション様式を所与として出現させる社会的条件の総体」である。たとえば教育などを通して、英語や国語のようなヒエラルキーの上位の言語を学ぶことを「あたりまえ」とするような価値・言説を人々に生み出す社会的条件の総体が言語帝国主義である。さらに糟谷によると、言語帝国主義は「問題発見的な」概念でもある。機械翻訳による、言語へゲモニーによって構築・維持される言語ヒエラルキーとはどのようなものが予想されるのだろうか。そしてどのような批判的な契機をみいだすことができるのだろうか。

機械翻訳を介した言語ヒエラルキーとは、大きく三つに区分できると思われる。①機械翻訳に登録されていない言語（少数言語や「方言」などの変種、文字化されていない言語など）、②登録されているが仲介言語を介することが多い言語（中規模国家の国語など）、③登録されており、

response

尚且つ仲介言語を介すことが少ない言語である（大国の国語など）。①→②→③でヒエラルキーの上位になるといってよいだろう。機械翻訳を使用する上で、有利な言語は③に該当する言語である。いずれは、「③に該当する言語さえ学んでいれば、機械翻訳を自由に使用できる」などといわれるようになるかもしれない。③には主に「国語」や大言語が該当すると考えるとわかりやすいが、かならずしも正確にあてはまるとは限らない。というのは、③に該当するのは、言語データが多く、機械翻訳の開発者たちが注目しやすい言語のことであり、これには文字化されていること、行政・メディア・学術で使用される言語の必要がある。したがって、「国語」であっても、アイルランド語といった日常的な使用者が少なく、言語データも乏しい言語は該当するとはいいがたい。

機械翻訳を介して形成・維持される言語ヒエラルキーの上位となる覇権的な言語とは、③に該当する国語や大言語のような言語となるだろう。国語のような言語について、塚原は、次のようにも述べている。

［…］西島が前提として受け入れてしまっているであろうことをあらためて文章化すると、「言語帝国主義は、コストなしに皆が同じ言語を話すことができれば解決する問題だ」ということになる。もしそうであるなら、すでに皆が同じ言語を話している共同体の内部には言語帝国主義は存在しないということになる。一つの言語の中に、上位変種／下位変種、あるいは標準語

／方言といったヒエラルキーが社会的事実として生じていることは珍しくないが、これは言語帝国主義ではない、ということになる。

response

筆者が受け入れてしまっているのかはともかく、塚原が述べていることが機械翻訳で顧みられているとはいいがたい。たとえば「日本語」というと、一つの言語を思いうかべるが、実際には方言などさまざまな変種があり、標準語を頂点としたヒエラルキーがある。このようなヒエラルキーを自覚せず、無自覚に「日本語は一つの言語」と考えてしまうのは、言語イデオロギーといえる。企業や機械翻訳の開発者がこうした言語イデオロギーに自覚的とはいいがたい。どのような言語が機械翻訳に登録されるのか、それはこうした言語イデオロギーに基づくことになるだろう。このようなイデオロギーの下でつくられた機械翻訳を使用することは、ユーザーのほうも「国語」的な言語イデオロギーを強化することになるといってもよいかと思われる。たとえば、Google翻訳に登録されている「日本語」とは、標準語だけを指し示している。ここでは日本語のなかのさまざまな変種は捨象されており、「日本語」というただ一つの言語だけがあるかのようにみえる。機械翻訳のユーザーが、そのことを深く考えることもなく、「日本語」というただ一つの言語だけがあると見なすようになっても不思議ではないだろう。このように機械翻訳と「国語」言語帝国主義は、親和的といえるかもしれない。だが、筆者が指摘したいのはここからである。機械翻訳における言語ヒエラルキーの強化という事態は、機械翻訳そのものや、その開発者の

response

意図とはいいがたい。機械翻訳が変種のような言語を扱うためには、変種の言語データが不可欠だ。だが、そのようなものは数少ない。たとえば公文書で大阪弁がつかわれているということは基本的にない。機械翻訳は、人間の言語状況を学習することで構築されているため、社会のほうで標準語・国語という言語イデオロギーに基づくあり様があるのであれば、それに則るように機械翻訳はつくられるだろう。これは機械翻訳そのものの問題というよりは、社会のあり様の問題といえる。実際、機械翻訳の技術者らには、言語的なデータや研究開発資源があれば、言語変種を機械翻訳にとりいれることを拒む理由はないかと思われる。このようにいうと、筆者は機械翻訳に言語への権力性を認めていないと思われるかもしれない。だが、そうではない。事態はもう少し複雑だ。最後にその点を述べよう。

㈣

機械翻訳による新たな言語帝国主義の形成が意味していることはなにか。筆者の考えでは、英語・国語的な言語帝国主義とは異なり、機械翻訳を介した言語帝国主義とは、支配層・権力の司令塔が漠然としていることである。英語の言語帝国主義の場合は、グラムシのヘゲモニー概念がそうであったように、権力の行使者がイギリスやアメリカといった具合に明確であった。同様に国語の言語帝国主義の場合は、国民国家の統治機構といったように、権力の行使者を相対的には容易に挙げることができる。ところが機械翻訳による言語へゲモニーや言語ヒエラルキー、ある

response

いは言語イデオロギーの形成・維持を試みている者として、だれを挙げることができるのだろうか。たとえば、グローバル企業のGoogleが機械翻訳を通して英語を頂点としたヒエラルキーの形成・維持をはかっているのであればわかりやすいのだが、かならずしもそうだとはいいがたい。Google翻訳の研究チームの「内部言語（Interlingua）を仲介言語とすべし」といった提案は、英語を頂点とするヒエラルキーの形成とは矛盾する。あるいは機械翻訳は、国語的な言語イデオロギーを強化するかもしれないが、グローバル企業がそれを行うのは国民国家的な統治機構や言語ナショナリストのためではないだろう。こう述べたからといって、グローバル企業に問題がないなどと主張したいわけではない。だれが機械翻訳を介した言語へゲモニーを組織し、だれが権力の行使者なのか、そしてだれが利益をえているのか、明確とはいいがたい状況となることが予想されるのではないかということである。

グラムシに近い「権力」概念を提唱した人物にフーコーがいる。しかし、両者には違いもある。その違いの一つとして、グラムシは明確な権力の行使者・支配階級を想定していたが、フーコーは異なるという点を挙げられる。フーコーは、権力の司令塔が曖昧となる事態を想定していた。たとえば監視カメラは権力の産物といえるが、実際に監視カメラを設置した者が権力者とは限らない。カメラの設置は、むしろ一般の人々の要求によるという倒錯した事態あるからだ。こうなると、だれが権力者なのかが曖昧となる。機械翻訳によって潜在化する言語帝国主義とは、まさに権力者が漠然とする事態といってよいかもしれない。

〔座談二〕
機械翻訳が普及した未来社会

瀧田　寧・西島　佑・
羽成拓史・瀬上和典

瀧田　さて、ここからは「誘い」と同様に座談の形で、機械翻訳が普及した未来社会について語っていきましょう。とはいえ、ここにいるわれわれは全員が文系の研究者なので、その視点からということになりますが。

瀬上　やはり文系の研究者にとっては、自分の研究成果を広く発信する可能性が広がることが期待できますよね。外国語での発信に不安を感じる研究者でも、今後は機械翻訳を使用して世界にどんどん面白い考えを発信していく機会が増えるのではないでしょうか。アイデアを発信してくれる母数が増えることは、それだけ研究が充実することを意味しますからね。

西島　ぼくは、「アイデアの発信」もそうですが、「輸入」、つまり翻訳書のあり様も変化すると、期待も込めて考えています。これまで翻訳書というと英語やドイツ語、フランス語、中国語といった大言語のものばかりに偏っていました。ところが翻訳のコストが下がれば、これまであまり翻訳されてこなかった言語、たとえばインドネシア語やタイ語からの訳書が増えてもいいはずです。翻訳書は、文系の研究者にとって重要ですし、これも大きなインパクトになるかと思います。

瀧田　ただ、文系と一口に言っても、たとえば経済や商業活動のようにグローバルな規模で動いているテーマと、各地の地域性が濃厚に反映されている文学や思想のようなテーマとでは、機械翻訳の対応可能性という点で考えると、だいぶ違うのではないでしょうか。

西島　その通りだと思います。たとえば経済学だとＧＤＰのような用語は、言語を超えて統一されていますが、文学や思想は違うので、機械翻訳も対応しにくいでしょうね。完全に人間のような翻訳は、今後も無理だと思います。ただ、インドネシア語やタイ語の訳者というのは、英語の訳者とくらべると数が少ないと思うので、機械翻訳で翻訳の負担が下がるなら、いまよりは未翻訳の書物が訳されやすくなるのではないかと。

瀬上　研究に加えて、仕事としての翻訳や通訳についてはいかがでしょうか。機械翻訳の浸透によって、翻訳者や通訳者の方々は、おそらく漠然と自分たちの仕事がなくなると考えていると思います。

西島　まず翻訳ですが、翻訳の仕事がそれほど減るとは考えていません。機械翻訳は、翻訳過程の作業コストを下げるとは思いますが、人間の翻訳を不必要にするのかといえば、それは限定的だと思います。人間による翻訳のチェックは、これからも必要とされるはずです。機械翻訳による翻訳が妥当なものなのかどうか、人間によるチェックを求める人は多いと思うので。

瀧田　翻訳の仕事と言っても、いろいろな分野があると思うのですが、どういう分野が機械翻訳になじみやすいとか、なじみにくいとか、ありますか？

西島　固定的な文脈で文章の型が決まっていればいるほど、なじみやすいです。よく指摘されているのは、特許の文章ですね。特許は、専門用語が定まっており、どういう風に書くのかも決まっています。だから機械翻訳になじみやすいようです。

瀧田　現状では、翻訳の仕事で、もう実際に機械翻訳が使用されているのですか？

瀬上　そうですね。翻訳者のあいだでは、「オススメの翻訳支援ソフトウェア（Computer Aided Translation, CAT）」のような情報がすでに共有されています。実際、翻訳の仕事の際、どのようなCATを使うのか、先方からたずねられることもあるようです。

羽成　今後の翻訳者には、一度、下訳を機械翻訳にかけて、その後修正していく能力が求められていくのだと思います。よい機械翻訳を選定し、それを活かし、修正していく能力が。

瀧田　なるほど。

瀬上　実際に、二〇〇〇年代後半くらいからCATを用いる翻訳家が急増しています。厳密にはCATはGoogle翻訳のような機械翻訳以外にも電子辞書などの広範なツールなども指すのですが、その中でも機械翻訳が広く用いられるようになっていることは間違いないです。イギリスでは二〇〇五年にはフリーランスの翻訳家のうちの約三〇%しかCATを用いていなかったようですが、二〇一三年には約九〇%の翻訳家が用いるようになっていたようです。

さらにいうと、主に中国ではそうした新しい流れを受けて、多くの大学でCATに関する授業や修士課程が準備されています。論文でも紹介したトランスレーション・スタディーズの技術的転回に関する論文によれば、今後の翻訳家は単に言語に関する専門知識だけでなく、機械翻訳に精通する必要がありますね。(注1)

瀧田　通訳のほうはどうでしょうか?

西島　通訳の仕事は、翻訳者以上になくなりにくいかと思います。話し言葉は、機械翻訳にとって訳しにくいので。ただ、観光なら、VoiceTraでもいけると思うので、観光通訳の仕事は代替されていくかもしれません。

瀬上　たしかに観光で最低限求められるコミュニケーションであれば、それほど高度な通訳は必要ないかもしれないけど、観光通訳のような仕事はますます重要度が増す可能性があるかもしれません。カール・ベネディクト・フレイとマイケル・A・オズボーンによる有名な未来の雇用に関する研究について、野村総研は「他者の理解」や「サービス指向性」などが求められる職業は機械にとって代わられる可能性が低いと解釈しています(第二章二・一参照)。

観光通訳の場合、単に言葉を翻訳するだけでなく、それぞれの旅行客の嗜好や性格などをくみ取って柔軟に対応することが大切ですよね。単に「案内する」というだけでなく、言葉を通して外国における不安を取り除きつつ予想を超えた楽しみを提供する「サービス」が大切なのはこれからも変わらないでしょうね。

瀧田　たしかに、外国に行っても目的地への道を聞いたり買い物をしたりするだけなら、機械翻訳だけで足りるかもしれませんが、現地の人たちと接することを観光の楽しみに含めるとするなら、観光通訳の仕事は重要になりますね。実際、現地の人たちと話をする方が、ただガイドブックに沿って見て回るよりも、刺激を受ける機会は多いと思います。そういえば、たとえば一六世紀のモンテーニュは、外国を訪れることは有益であるとしながらも、それは「その国民の気質や風習を見てくるため、そしてわれわれの頭脳を他の国民の頭脳とこすり合わせ、磨きあげるためでなくてはならない」と言っています。(注2)そのためには、現地に暮らす人々とのコミュニケーションが重要ですよね。ただ、現地の言語をまだ学んでいない場合には、どうしても母国語で書かれたガイドブックや機械翻訳に頼ってしまう。そうした状況で、もし幸運にもサービス精神が旺盛な現地の観光通訳とコミュニケーションがとれれば、お互いの生活や歴史や文化の違いだけでなく共通点にも話が広がって、まさに頭脳と頭脳をこすり合わせ、磨きあげることができるかもしれません。そしてそれを契機に、その国の歴史や文化だけでなく、自国の歴史や文化についても、もっと学ぼうという意欲がかきたてられるかもしれませんね。

西島　通訳の仕事は、より「サービス」の質を考えながらコミュニケーションをとるような形に変化するということでしょうかね。

瀧田　言葉を置き換えること以外に、観光通訳という仕事に求められているものは何かを考える必要に、これからますます迫られるのではないでしょうか。一方、観光客の側からすると、機械翻訳を使えば最低限のコミュニケーションは取れるという安心感があるので、海外旅行に対する心のハードルは下がるでしょうね。これまでは、何となく行ってみたい地域があっても、その土地の言語を習得していないと、現地で何かあった時に困るという不安があって、実際にはなかなか行けなかったように思います。

羽成　たとえば旅行先で病気にかかったりけがを負ってしまったりして、さすがにそこまで観光通訳に頼れないという場合、医療現場に対応できる機械翻訳があると、確かに心強いですよね。ただ、わたしにとって機械翻訳の理想は『ドラえもん』の「ほんやくコンニャク」ではないかなと。

瀧田　すみません、まず「ほんやくコンニャク」を知らないのですが（笑）。

羽成　『ドラえもん』の秘密道具の一つで、食べるだけで相手の言語で話せるようになるものですね（笑）。

瀧田　いや、それじゃあ、食べ物であって機械ではないよね（笑）。

西島　少し現実に戻ると、たとえば国際会議で機械翻訳は使われるようになると考えますか？

羽成　国際会議のような場面ならば、使うようになると思います。ある程度固定的な関係性で話すような場面であれば、そんなに難しくはないはずなので。

瀬上　日常生活のなかで、機械翻訳のデバイスが意識されなくなるぐらいまでになったらどうでしょうか？

羽成　ウェアラブルみたいなものですか？

瀧田　ウェアラブル？

羽成　ウェアラブルとは、文字通り「身につけられる」デバイスですね。メガネ型や腕時計型などが現在では一般的でしょうか。

西島　現状の感覚からだと、ウェアラブルやスマートフォン、タブレットみたいな端末を介して機械翻訳がつかわれるようになるということなのでしょうかね。ポストヒューマンを想定する、シンギュラリティ的な議論を支持する人たちからすると、体内にデバイスを埋め込むといった話になるかと思いますが。

瀬上　わたしとしては、デバイスがなんであれ、インストールされている機械翻訳そのものの性能がボトルネックになってくる可能性が気になります。

羽成　デバイスを体内に埋め込んでしまってその存在を意識する必要がないほど技術が進んだ未来社会であれば、わたしが理想とするポライトネスが適切に反映された機械翻訳も実現しているかもしれません。そうであれば、ほんやくコンニャクが実在する社会に将来的にはなるのかもしれませんね。そのころまでわたしが生きているかどうかはわかりませんが（笑）。

瀧田　未来社会については、語ればまだまだいろいろな話題が出てくると思いますが、紙幅の都合もありますので、最後に、機械翻訳と未来社会の展望をお願いします。

西島　技術の話題に常につきまとう話なのですが、いい作用、わるい作用、双方があると思います。それらをよく考えることが意義のある議論につながるのではないかと考えています。

技術的特異点・シンギュラリティみたいな話は、ＳＦが好きな人にはおなじみです。たとえば一九六八年に公開された映画スタンリー・キューブリック『２００１年宇宙の旅』は、ＡＩが人間に叛逆するシーンで知られています。二〇一九年の現在、そんなことはありませんでした。こうしたことから、定期的に人間は、三〇年後とか四〇年後とかに世界は大きく変わっていると想像してしまうことがあるのだと思います。

文系の立場から考えた場合、そろそろ現実的に機械翻訳がどこまでいけるのか、何ができないのか、どんな問題があるのか、そうした議論をしていくべきかと考えています。

羽成　ポライトネスを適切に反映させた機械翻訳は地道な作業を繰り返していけば、一〇〇％とはいかないでしょうが、ある程度満足のいくものは実現するだろうと思っています。現実的には国際会議や異言語話者間のビジネスシーンなどで使用される機械翻訳の精度がこれからさらに向上していくことは予想できます。少しずつでも向上させていくことを積み重ねていった先にＳＦに思えるような技術発展が待っているのかもしれません。積み重ねるための方法を考察していくことがとても重要だと思います。ただし西島さんがおっしゃるように、現時点で何ができて何が無理かという認識を十分に持ちながら、それでも試行錯誤を繰り返していく必要があるのかなと思います。

瀬上　未来の社会についていえば、間違いなく機械翻訳がますます社会に浸透して、異文化間のコミュニケーションは大きく変化するでしょう。外国語教育についても大きな見直しを迫られるときがやってくると思います。そして、文系知の観点からは、二人がまさに指摘してくれたように、現実的に機械翻訳に何ができて何ができないのか、利用することにどのような問題が伴いうるのかということを問い続けることが重要だと考えています。

二〇一七年のワークショップの際に、隅田先生が印象的なことをおっしゃっていました。機械翻訳に関する講演を行う際、翻訳などの仕事をされている方たちから感情的に批判されることがあるそうなんです。おそらく、そうした方々は機械翻訳の発達によって自分たちの仕事が奪われるのではないかという漠然とした不安や恐怖を感じているのだろうと思いました。もちろん、機械翻訳の発達に伴って通訳や翻訳の在り方が大きく変化するのは間違いないと思います。しかし、各論文やこの座談会で確認したように、人間にしかできないことはまだまだたくさんあります。機械翻訳に対する漠然とした不安や恐怖は、機械翻訳についての無知に由来する部分が大きいのではないでしょうか。

そうした問題を克服するためにも、機械翻訳という理系的な研究を、われわれ文系の人間が正面から受け止めて、そこから建設的な展望を引き出すことが大切だと思います。そうした理系文系のクロスオーバー的な議論が、ひいては機械翻訳を含めた翻訳・通訳に関わる研究者、実務者、利用者のより充実した生に貢献してくれるはずです。

瀧田　個人的には、機械翻訳が普及した未来社会における外国語学習のあり方などにも話題を広げたかったのですが、それは今後、この勉強会を続けていく中で取り上げていきたいと思います。本日はどうもありがとうございました。

【注】

（1）Chengzhi Zhang and Hui Cai. 2015. "On Technological Turn of Translation Studies: Evidences and Influences." *Journal of Language Teaching and Research, Vol. 6, No. 2*: 429-434.

（2）*Les Essais de Michel de Montaigne* ; Édition conforme au texte de l'exemplaire de Bordeaux, par Pierre Villey; rééditée sous la direction et avec une préface de V. -L. Saulnier [Presses universitaires de France, 1978, c1924],Tome1,p.153. 邦訳は、関根秀雄訳（『モンテーニュ 随想録』［国書刊行会、二〇一四年］二一〇-二一一頁）ほか参照。

平成最後の日、編集会議後に撮影

エピローグ

コミュニケーションの入口としての機械翻訳

瀧田　寧

西洋近世哲学を専攻する筆者としては、本書の編集を通して気付いたことを、哲学・思想史の古典を参照しながら以下に三点述べていきたい。

一　機械と人間の違い

まず、機械とは異なる人間らしさをどこに見いだすか、という問題である。序章において西島はフレーム問題を、「人工知能は、あらかじめ設計されたプログラム内での処理しかできず、例外事項に対応できない」という指摘であると述べているが、これと同様のことは、十七世紀フランスの哲学者ルネ・デカルトが『方法序説』（一六三七年）の第五部ですでに論じている。ここでデカルトは、「われわれの身体と似ていて、実際的に可能なかぎりわれわれの行動をまねる機械[注1]」と人間との違いを見きわめる二つの手段について述べている。まず、第一の手段から見ていこう。

「第一の手段は、その機械は、われわれが他人に自分の考えを表明するときのように、言葉を使うことも他の記号を組み合わせて使うことも決してできない、ということである。というのも、たしかにある機械が言葉を発するように作られていると考えることができるし、さらには、その器官にある変化を引き起こす身体的作用に応じて、ある言葉を発するようにさえ作られていると考えることができる。たとえば、機械のどこかに触れると『何かご用ですか』とたずね、別の所に触れると『痛い』と叫ぶ、といったようなことである。しかしながら、その機械が、目の前で言われているすべてのことの意味に応じて受け答えをするために、言葉をさまざまに配列しているとは考えることができないからである(注2)。」

ここでは、現代で言えばちょうど、「いらっしゃいませ」などという言葉を発するロボットのような機械が想定されている。そうした機械が人間そっくりにできていれば、私たちがそれを人間だと思ってしまうことはあるのだろうか。例えば、直接どこにも触れていないのにセンサーで感知して「いらっしゃいませ」という言葉を発し、同時に人間の店員と同じ制服を着せられ、人間そっくりの姿かたちをしたロボットが頭を下げるスムーズな動作をすれば、一瞬は戸惑うかもしれない。だが、その先はどうだろうか。デカルトが言うように、機械ならば、「目の前で言われているすべてのことの意味に応じて受け答えをするために、言葉をさまざまに配列しているとは考えることができない」から、好奇心が旺盛な人間であれば、あえて突拍子もないことを聞いて、相手の対応力を見ようとするだろう。換言すれば、「目の前で言われているすべてのこと」のうち、どこまで対応できるのかを知ろうとするだろう。ただし、もちろん人間でも、新人の店員であれば、対応できる範囲は狭い。しかし人間であれば、「目の前」で発言している客がどういう状況にいるのか、どういう年齢や恰好なのか、どういう雰囲気なのかを、自分から察しようとするだろう。そして、それに応じて自ら言葉を選ぶことができる。突拍子もない客の要求に対して自分では対応できないと判断する場合、人間の店員であれば新人であっても、「少々お待ち下さい」という趣旨の一言を、相手に応じて、言い回しや口調や表情やタイミングを微妙に変えながら発することができるだろう。こうして相手に応じた柔軟な対応ができる点で、人間は機械と異なっている。そして次の第二の手段も、実はこの続きのようなものである。

「第二の手段は、その機械は多くのことをわれわれのだれとも同じくらい、あるいはおそらくだれよりもうまくなすとしても、必ず何かほかの点ではできないことがある、ということである。このことから、機械は認識によって動いているのではなく、ただその器官の配置によって動いているだけだ、ということが見いだされるであろう。というのは、理性が普遍的な道具であって、どんな場合に出会っても使うことができるのに対して、これらの器官は、個々の行動のそれぞれについて何か個々の配置を必要とするからである。したがって、一つの機械のなかに諸器官が十分多様に配置されていて、生のあらゆる出来事において理性がわれわれを動かすのと同じ仕方でその機械を動かすということは、実際上不可能であることになろう。(注3)」

ここで注目したいのは、「機械は認識によって動いているのではなく、ただその器官の配置によって動いているだけ」なのに対し、人間の理性は「普遍的な道具であって、どんな場合に出会っても使うことができる」という点である。つまり機械は、あらかじめ設定された通りに動いているだけだが、人間は理性という考えるはたらきを持っており、どのような状況に直面しても、そのはたらきを活かして動くことができる。確かに人間も想定外の事態に直面すると、一瞬頭のなかが真っ白になってしまう。しかし次の瞬間には「さてこの状況をどのように乗り切るか」をあれこれ考えようとする。もちろんそこで考えついた対応がいつも適切であるわけではないが、まったく想定外の、あるいは未体験の状況でも「とりあえず、どうしようか」と考えること自体がポイントである。そのような事態に直面し、結果として間違えることがあっても、ともかく何とかしようと考えてもがくところに人間らしさがある。一方機械は、あらかじめ設定された範囲では、間違えることがない。しかしながら、実際の生活はあらかじめ設定された範囲を超えて進む。つまり、想定外の連続である。そのため、実際の生活のあらゆる場面に機械で対応しきることは現実的に不可能だろう、というのがデカルトの主張であると解釈できる。

さて、ここまで見てきた機械と人間の違いで重要なのは、「考える」ことである。例えば店頭で「自分は今、相手の雰囲気を察しようとして接客している」とか、面接の場面で「自分は今、相手の質問の意図をくみ取った答えを返そうとして言葉を選んでいる」などと意識をしていれば、それらは「考える」ことに含まれる。その結果、相手に応じた柔軟な対応ができることもあれば、間違えたり失敗したりすることもある。ただ、間違えたり失敗したりした場合でも、それを「なぜ間違えたのか、失敗したのか」を考える機会として捉え、その原因を自分なりに探究していれば、その経験は次の同様な場面に活かすことができる。新人時代には狭かった対応範囲も、こうした考える経験を積むことで、徐々に拡がっていく。このように人間の場合は、間違いや失敗の経験を活かして、「考える幅」を自分で拡げていくことができる。これに対し機械は、間違いや失敗をしない。とはいえそれには、「あらかじめ設定された範囲のなかでしか動かない」という条件が付く。従来であれば、ここが人間と機械の違いである、と言い切りたいところである。ところが近年では、失敗から学ぶ人工知能が話題に上るようになっている。こうした時代においては「機械と異なる人間らしさをどこに見いだすか」というテーマが、あらためて問われることになるだろう。

二　外国旅行の意義

ところで前述のように、「考える幅」を拡げるきっかけとしては、間違いや失敗を振り返る経験が挙げられるが、その他に、自分にとっては初めての経験をする場面も挙げられるだろう。そこで次に、そうした経験を積むことができる機会として、外国旅行を例として取り上げてみよう。現代の外国旅行は、本書のテーマである機械翻訳を活用する機会でもある。実は筆者自身の経験でもあるのだが、外国旅行では日本国内で当たり前に通用することが現地では通用しないという場面が多々あり、そのたびに、自らの考える幅の狭さを痛感させられる。だがそれも経験を積んでいくと、徐々に拡げることができるようになる。とくに外国に行って言葉が出てこない、あるいは聞き取れない状況では、相手の雰囲気を察したり、逆にこちらの雰囲気を察してもらったりするために、自身の意識を総動員しながら口から発する音声や表情やジェスチャーを組み合わせて表現することがある。そこで成功すれば「こうすれば通じるのか」と分かるし、失敗すれば「なぜ通じなかったのだろう」と考える機会となる。つまり、そうした成功や失敗を振り返る経験が「考える幅を拡げる」ことにつながる。また初めて経験する世界との出会いは、戸惑いから始まることが多いが、注意深く観察を続けていくうちに「こういう世界もあるのか」と気付くことで、「考える幅を拡げる」ことになる。

近年は機械翻訳の普及により、定型文のやり取りでだいたいの用が足りる買い物や名所見学などを目的とした外国旅行に対しては、現地の言葉や英会話を習得していなくても、心のハードルがぐっと低くなってきたのではないだろうか。だが、せっかく外国旅行を身近に感じられるようになっても、それを「考える幅を拡げる」機会として活かさないのでは、あまりにももったいない。そこで今後、外国旅行にそうした意義を持たせるとしたら、定型文のやり取りを超えて異文化に直に接していけるような機会を作ることが必要になるだろう。
ところで、そもそも外国旅行にこうした意義を見いだすことは、デカルト自身が行っている。彼は大学を卒業した後、外国へ旅に出ている。そのことは『方法序説』第一部に次のように記されている。

「…私は、教師たちの手から解き放たれる年齢になるとすぐに、書物による学問をまったくやめてしまった。そして、これからは私自身のうちに、あるいは世間という大きな書物のうちに見いだされるであろう学問だけを求めようと決心して、私の青年時代の残りを次のことに費やした。すなわち旅をし、宮廷や軍隊を見、さまざまな気質や身分の人と交際し、さまざまな経験を積み、運命にまかせたためぐりあいのなかで自分自身を試し、いたるところで立ち現れてくることがらに照らして、いつもそこから何か利益を引き出すことができないかを考えることに費やした。というのは、自分の利害に関わることがらで、判断を誤ればたちまちその結果によって罰せられるようなことがらについて各人がなす推論のうちには、学者が書斎で実際には何も生まない思弁についてなす推論のうちよりも、はるかに多くの真理がありうると思われたからである。(注4)」

この引用部分には明記されていないが、デカルトが旅をしたのは、オランダやドイツなどデカルトにとっての外国である。しかも、外国の学校や大学をめぐったわけではない。つまりデカルトが旅に求めていたのは、生まれ育った故国や慣れ親しんだ学校の雰囲気とは異なる環境で真理を得ることである。そして注目に値するのは、そのためにさまざまな経験をただ積むのではなく、「いつもそこから何か利益を引き出すことができないかを考えること」に時間を費やしていた、という点である。さまざまな経験を印象のレベルにとどめるのではなく、そこに積極的に分析の手を加え、そこから何かを学ぼうという姿勢が、真理探究者としてのデカルトを育てていったように思われる。実際デカルトはこうした経験と分析を通じて、「多くのことがわれわれにはまるで法外でバカバカしいと思われても、やはり他の多くの人たちによって一般に受け入れられ、容認されているのだから、先例と習慣によってのみ私が納得したものをあまり固く信じてはいけない」ことを学び、(注5)また「われわれとまるで反対の意見を持った人はみんな、だからといって野蛮で未開であるわけではなく、かれらの多くはわれわれと同じかそれ以上に理性を使っていることを認めた」とも述べている。(注6)つまりデカルトにとって外国を旅することは、思い込みや偏見に用心深くなり、他者を尊重する姿勢を養う機会となった。彼はまさに外国への旅を通じて、「考える幅を拡げる」ことができたのである。

ところで、外国を旅することのこのような意義については、デカルトと同じフランスの思想家でデカルトより少し前の十六世紀末に『エセー』(一五八〇年初版、一五八八年増訂、その後も加筆)を刊行したミシェル・ド・モンテーニュも、次のように述べている。

「外国を訪れることも有益です。ただしそれは――(中略)――主として、その国民の気質や風習を見てくるため、そしてわれわれの頭脳を他の国民の頭脳とこすり合わせ、磨きあげるためでなくてはなりません。[注7]」

現地の人々の気質や風習を見てくるためであれば、何も名所旧跡めぐりのツアーでなくてもよい。例えば短期ホームステイのような形で現地の人々の日常のなかに自ら交じってみるだけでも、おそらく驚きの連続だろう。筆者自身、大学院時代に一年半ほどイギリスに滞在していた折、その期間中のほとんどを現地の一般家庭の賄い付き下宿で暮らしていた。それは、日常英会話の準備をほとんどせずに渡英したので、現地でホームステイのようなことをすれば自然に英会話力が身につくのではないかという単純な発想からだったのだが、当初はそもそも定型文レベルの会話も通じなくて、多くの場面でもどかしさを感じた記憶がある。機械翻訳があれば、こうした問題はクリアできると期待できるので、短期のホームステイでも、少し突っ込んだコミュニケーションに進めるかもしれない。ともかく、「頭脳と頭脳とをこすり合わせ、磨きあげる」レベルまで行くには、やはり現地の人々とのコミュニケーションのなかで、驚きを感じ、相手を思い、そして自分を振り返るという経験が不可欠であろう。モンテーニュは前述の引用と同じ章「子どもたちの教育について」において次のようにも書いている。

「この大きな世界は ―(中略)― 鏡でありまして、われわれは、自分を正しく知るために、この鏡に自分を映して見る必要があるのです。要するに私は、世界が、わが生徒さんの教科書になればよいと望んでいるのです。数多くの考え方、学派や宗派、判断、意見、法律、習慣が存在することが、われわれに自分たちのそうしたものを、正しく判断することを教えてくれるのですし、われわれの判断力に対しても、そこには不完全さや本来の弱点があるのだと自覚することを教えてくれます。これは、決して軽々しい学習などというものではないはずです。(注8)」

つまり外国を旅するという経験は、考える幅を拡げたうえで自己のあり方を見つめ直すという意義を持つ、ということである。とりわけ、自身の不完全さや弱点の自覚は、自らの習慣や考え方に対する絶対視を戒めることにつながる。

三　翻訳の限界

最後に、本書の中心テーマの一つである「翻訳」について、一七世紀イギリスの哲学者ジョン・ロックの哲学的主著『人間知性論』(一六九〇年)と照らし合わせて気が付いたことを取り上げたい。それは、翻訳の限界についてである。ロックは、人間にとっての「知る」というはたらきを検討する本書において、その第三巻を言語の問題の考察にあてているが、本巻第九章「言葉の不完全について」の二二節では異国の古典を解釈する問題の難しさを次のように述べている。

「確かに、あらゆる言語で言葉の意味表示は、言葉を使う者の思想、思念、観念に大いにかかっているので、同じ言語や同じ国の人々にとっても、非常に不確実なのは避けがたいことであるに違いない。──(中略)──どの国でも見られるこの自然の難点に、国の違いや時代の遠さが加わるとき、そうした異なる国や遠い時代でも話し手や書き手はまったくさまざまな思念、調子、習慣、文飾、話し方の彩などを持っているのだが、そのどれもが、今の私たちには失われ知られていなくても、当時はその人たちの言葉の意味表示に影響を及ぼしていたのだから、それら古代の書物についての私たちの解釈あるいは誤解には、互いに寛大であることが私たちにとってふさわしいだろう。(注9)」

ここでは、国が異なるだけでなく時代も異なる書物の解釈が話題になっている。その場合、「今の私たちには失われ知られていなくても、当時はその人たちの言葉の意味表示に影響を及ぼしていた」さまざまな要素の存在が、解釈を誤らせる可能性として指摘されている。だがこのことは、同時代であっても国が違えば、似たようなことが言えるのではないだろうか。つまり、「日本人の私たちには知られていなくても、現地の人たちの言葉の意味表示には影響を及ぼしている」さまざまな要素の存在を、解釈を誤らせる可能性として認めることができるのではないだろうか。そしてこの可能性は、地球上で人やモノの移動が盛んとなり、インターネットで瞬時に世界中とつながるようになった現代でも、あるいは機械翻訳が普及する未来社会でも、同様に残り続けるのではないだろうか。とりわけ習慣は、かなり長い期間、同じ環境のなかで生活を共にしてこそ身につくものであり、定型文を少し超えた程度のコミュニケーションで習得できるものではないだろう。ただ、機械翻訳によって、短期間でも定型文を少し超えた深さのコミュニケーションにまで入り込めれば、こうした未知の諸要素の存在を感知することができ、相手を分かったつもりになるような態度には、用心深くなることができるかもしれない。

四　おわりに

以上、本書の編集を通じて筆者なりに気が付いたことを三点述べてきた。機械翻訳が普及した未来社会に期待したいのは、学校で語学を習得していなくても、だれもが気軽に定型文レベルを超えて外国の人々とコミュニケーションのできる機会が増えることである。ただしこれは、機械翻訳の精度を上げてより複雑なレベルの会話も機械でできるようになることを期待して言っているわけではない。機械翻訳を、コミュニケーションのほんの入口と捉えたうえで、その先に語学以外の手段も使った共同作業や共同生活の機会が増えることを期待したいのである。そうした場でのコミュニケーションを通じてこそ、互いの頭脳をこすり合わせることができるのではないだろうか。そのような機会が多くある環境では、語学ができないことを理由に、異文化との交流を、いわば食わず嫌いになることが減るだけでなく、異文化の、まさに分かり合えない部分については、それを率直に認め合い尊重し合う姿勢も育まれていくのではないか、と思われる。

【注】

（1）R. Descartes, *Discours de la Méthode*, par G. Rodis-Lewis [GF-Flammarion, 1966], p.79. 山田弘明訳『方法序説』［ちくま学芸文庫、二〇一〇年］、八五頁参照。

（2）*Discours de la Méthode*, p.79. 山田訳、八六頁参照。

（3）*Discours de la Méthode*, p.79. 山田訳、八六－八七頁参照。

（4）*Discours de la Méthode*, pp.38-39. 山田訳、二七頁参照（一部改訳）。

（5）*Discours de la Méthode*, p.39. 山田訳、二八頁参照。

（6）*Discours de la Méthode*, p.45. 山田訳、三五頁参照。

（7）*Les Essais de Michel de Montaigne* ; Édition conforme au texte de l'exemplaire de Bordeaux, par Pierre Villey; rééditée sous la direction et avec une préface de V. -L. Saulnier [Presses universitaires de France, 1978, c1924],Tome1,p.153. 訳出にあたっては、関根秀雄訳（『モンテーニュ 随想録』［国書刊行会、二〇一四年］、二一〇－二一一頁）をはじめとするいくつかの邦訳を参照した。

（8）*Les Essais de Michel de Montaigne*, Tome1,pp.157-158. 関根訳、二一六頁ほか参照。

（9）John Locke, *An Essay Concerning Human Understanding*, ed. P.H.Nidditch [Oxford University Press, 1975]. 邦訳は、大槻春彦訳『人間知性論（三）』［岩波文庫、一九七六年］、二三三頁を参照したが、訳出にあたっては変更した箇所もある。

あとがき

平成三一（二〇一九）年四月三〇日、まさに平成最後の日に、本書に収録する全原稿を持ち寄り、完成原稿に向けての編集会議を行った。会議の終了後に撮影した集合写真は、座談二「機械翻訳が普及した未来社会」の最後に掲載した。この会議の席上、座談二で話題になる『ドラえもん』の「ほんやくコンニャク」の説明について、それはみんな知っているから不要なのではないか、という意見が若いメンバーから出た。四人のうち、知らなかったのは筆者だけであったようだ。確かに『ドラえもん』を子どもの頃、時々テレビで見た記憶はあるのだが、いまではその内容をまったく覚えていない。世代の違いという問題ではないのかもしれないが、ともかく読者のなかには『ドラえもん』になじみのない方々も当然おられるだろうから、その説明が必要であると主張して受け入れてもらった。「ほんやくコンニャク」は、それを食べるだけで、外国人とのコミュニケーションの際の言葉の壁を簡単に取り払ってくれるもののようである。これに対し機械翻訳は、今後ますます精度を上げることで、言葉の壁を低くすることはできるだろう。壁が低くなれば、これまで以上に深く広く異なる文化を知る機会が増えることは期待できる。ところで異文化を「知る」ということは、そこに言葉の違いという壁、習慣の違いという壁の存在を感じ続けることでもある。機械翻訳が普及した未来においては、言葉の壁が取り払われた社会ではなく、言葉や文化の取り払うことができない壁の存在を認め合う社会であってほしいと思う。

本書に収録されている論文三本は、座談一「本書への誘い」でも述べている通り、上智大学大学院グローバル・スタディーズ研究科のジャーナル *AGLOS Special Edition 2016*《言語の壁がなくなったら：機械翻訳と未来社会》（二〇一八年刊）に掲載されているものに、加筆修正を施したものである。本書への転載をお認めくださった上智大学大学院グローバル・スタディーズ研究科の皆さまに深く感謝したい。またそれら三本の論文に対して、本書ではそれぞれ専門の近い先生方にコメントを寄せていただくことにした。ご協力をいただいた生田少子先生、鈴木章能先生、塚原信行先生には、厚く御礼申し上げたい。先生方のご協力をいただいたおかげで、各論文の執筆者はそれぞれ自らの論文を再検討し、その成果を応答に記すことができた。巻頭言は本企画の発端となったワークショップで司会を務められた木村護郎クリストフ先生に、コラムは同ワークショップでコメンテーターを務められた隅田英一郎先生に、それぞれお願いした。ワークショップ後も続けている本企画にあらためてご協力をいただいた両先生にも、心よりの感謝を申し上げたい。

最後に、出版事情がますます厳しくなるなかで本書の出版をお引き受けくださった社会評論社の松田健二代表と、本書の編集でお世話になった本間一弥氏に深く感謝したい。

令和元（二〇一九）年五月一四日

瀧田　寧

【参考文献】

●巻頭言　機械翻訳はバベルの塔を再建するか

木村護郎クリストフ／渡辺克義編著『媒介言語論を学ぶ人のために』世界思想社、二〇〇九年
マイケル・クローニン（風呂本武敏編訳）『新翻訳事始め　翻訳とグローバリゼーション』大阪教育図書、二〇一〇年
月本昭男『悲哀をこえて―旧約聖書における歴史と信仰』教文館、二〇〇五年
藤本一勇『外国語学』岩波書店、二〇〇九年
ジョン・C・マーハ（崎山拓郎訳）「バベルの解放―帝国主義、言語、ディストピアについての覚書」桂木隆夫／ジョン・C・マーハ編『言語復興の未来と価値―理論的考察と事例研究』三元社、二〇一六年、一一六―一二〇
森住衛「豊かな多言語世界のための六つの論点」森住衛／古石篤子／杉谷眞佐子／長谷川由起子編『外国語教育は英語だけでいいのか』くろしお出版、二〇一六年、二一―一四
矢内原忠雄『聖書講義V　創世記』岩波書店、一九七八年

●序章　機械翻訳をめぐる議論の歴史

新井紀子『AI vs. 教科書が読めない子どもたち』東洋経済新報社、二〇一八年
大黒岳彦『情報社会の〈哲学〉グーグル・ビッグデータ・人工知能』勁草書房、二〇一六年
小林雅一『AIの衝撃　人工知能は人類の敵か』講談社、二〇一五年
長尾　真『機械翻訳はどこまで可能か』岩波書店、一九八六年
中村　哲「多言語音声翻訳技術の最前線」砂岡和子・室井禎之『日本初多言語国際情報発信の現状と課題

ヒューマンリソースとグローバルコミュニケーションのゆくえ』朝日出版社、二〇一六年、一三三―五〇
西垣　通『ＡＩ原論　神の支配と人間の自由』講談社、二〇一八年
松尾　豊『人工知能は人間を超えるか　ディープラーニングの先にあるもの』角川選書、二〇一五年
三宅陽一郎『人工知能のための哲学塾』ビー・エヌ・エヌ新社、二〇一六年
――『人工知能のための哲学塾 東洋哲学篇』ビー・エヌ・エヌ新社、二〇一八年
渡辺太郎・今村賢治・賀沢秀人・Neubig, Graham・中澤敏明（共著）、奥村学（監修）『機械翻訳』コロナ社、二〇一四年
Dreyfus, H. (1965), *Alchemy and Artificial Intelligence*, Rand Paper.
―― (1972=1978)(Revised 1979), *What Computers Can't Do: The Limits of Artificial Intelligence*, HarperCollins; Revised, Subsequent.　黒崎政男・村若修訳『コンピュータには何ができないか―哲学的人工知能批判』産業図書、一九九二年
―― with Stuart Dreyfus (1986), *Mind Over Machine: The Power of Human Intuition and Expertise in the Era of the Computer*, Free Press.　椋田直子訳『純粋人工知能批判――コンピュータは思考を獲得できるか』アスキー、一九八七年
Edunov, S., Ott, M., Auli, M. and Grangier, D. (2018), Understanding Back-Translation at Scale v.2, eprint arXiv:1808.09381, Cornell University.
Feigenbaum, E. and Buchanan, B. (1993), DENDRAL and Meta-DENDRAL: roots of knowledge systems and expert system applications, *Artificial Intelligence* 59, Computer Science Department University of Pittsburgh, 233-40.
Hutchins, J. (2004) , Two precursors of machine translation: Artsrouni and Trojanskij, *International Journal of Translation* 16(1), Bahri Publications, 11–31.
Johnson, M., Schuster, M., Le, Q.V., Krikun, M., Wu, Y., Chen, Z. and Thorat, N. (2016=2017), Google's Multilingual

Neural Machine Translation System: Enabling Zero-Shot Translation. https://arxiv.org/abs/1611.04558（Accessed May 11, 2018）

Weaver, W. (1949), Translaton, Locke, W. and Booth, A. eds. (1955=1957), *Machine Translation of Languages: fourteen essays*, Technology Press of the Massachusetts Institute of Technology, Cambridge, Mass.

McCarthy, J. (1968), Programs With Common Sense, in Minsky M. eds. *Semantic Information Processing*, 403-418. Cambridge: MIT Press. 松原仁・三浦謙訳『人工知能になぜ哲学が必要か　フレーム問題の発端と展開』哲学書房、一九九〇年

McCarthy, J. and Hayes, P. (1969), Some Philosophical Problems From the Standpoint of Artificial Intelligence, *Machine Intelligence* 4, Edinburgh University Press, 1-51. 松原仁・三浦謙訳『人工知能になぜ哲学が必要か　フレーム問題の発端と展開』哲学書房、一九九〇年

McCorduck, P. (1979=2004), *Machines Who Think: 25th anniversary edition*, Natick, MA: A K Peters, Ltd. 黒川利明訳『コンピュータは考える　「人工知能の歴史と展望」』培風館、一九八二年

McCulloch, W. and Pitts, W., (1943), A Logical Calculus of the Ideas Immanent in Nervous Activity, Bulletin of Mathematical Biophysics, Vol.5.

Searle, John. (1980), Minds, brains, and programs, *Behavioral and Brain Sciences* 3 (3): 417-457.「コンピュータは考えられるか」土屋俊訳『心・脳・科学』岩波書店、二〇〇五年

Schwartz, L. (2018), The history and promise of machine translation, In Isabel Lacruz, I. and Jääskeläinen R. eds. (2018), *Innovation and Expansion in Translation Process Research*, Jon Benjamins Publishing Company.

Weaver, W. (1949), Translation, in Locke, W. and Booth, A. eds. (1955=1957), *Machine Translation of Languages: fourteen essays*, Technology Press of the Massachusetts Institute of Technology, Cambridge, Mass.

Winograd, T. and Flores, F. (1986), Understanding Computeres and Cognition A New Foundation for Design, Ablex Publishing Corporation Norwood. 平賀護訳『コンピュータと認知を理解する―人工知能の限界と新しい

設計理念―』産業図書、一九八九年

●第一章　機械翻訳とポライトネス

生田少子「英語話者による相互行為ストラテジーとしての連鎖構成」『明治学院大学英米文学・英語学論叢』第一二八号、明治学院大学文学会、二〇〇六年、七一-一二一
――「日本語話者による相互行為ストラテジーとしての発話行為連鎖構成」『明治学院大学英米文学・英語学論叢』第一二二号、明治学院大学文学会、二〇〇八年、九九-一三九
伊豆山敦子「日本語教科書のための話し言葉文法基礎研究　無主体動詞語句の構文的意味」獨協大学外国語学部『言語と文化』第一号、一九九四年、七二-八八
井出祥子『わきまえの語用論』大修館書店、二〇〇六年
宇佐美まゆみ「ポライトネス理論から見た〈敬意表現〉―どこが根本的に異なるか」『言語』第三〇巻一二号、大修館書店、二〇〇一年、一八-二五
――「『ポライトネス』という概念」『言語』第三一巻一号、大修館書店、二〇〇二年a、一〇〇-一〇五
――「ポライトネス理論の展開（一〇）ディスコース・ポライトネス理論構想（四）DP理論の骨格」『言語』第三一巻一二号、大修館書店、二〇〇二年b、九八-一〇三
――「ポライトネス理論の展開（一一）ディスコース・ポライトネス理論構想（五）DP理論の展開」『言語』第三一巻三号、大修館書店、二〇〇二年c、九六-一〇一
――「ポライトネス理論の展開（一二）ディスコース・ポライトネス理論構想（六）『対人コミュニケーション理論』としてのDP理論の可能性」『言語』第三一巻一三号、大修館書店、二〇〇二年d、一一〇-一一五
――「異文化接触とポライトネス―ディスコース・ポライトネス理論の観点から―」『国語学』第五四巻三

号、日本語学会、二〇〇三年 一一七 - 一三二
甲斐澤とし子「話しことばにおける『省略』の研究 『思う』とその主語の省略について」『学苑』第六二七号、昭和女子大学、一九九二年、一二二 - 一二九
鈴木孝夫『ことばと文化』岩波書店、一九七三年
隅田英一郎「機械翻訳のいま 統計的手法を中心に」『情報管理』第五七巻一号、国立研究開発法人科学技術振興機構、二〇一四年、一二 - 二一
総務省情報通信国際戦略局技術政策課研究推進室「多言語音声翻訳システムの紹介」二〇一四年〈http://www.mlit.go.jp/common/001037001.pdf〉（取得日 二〇一八年五月十日）
滝浦真人『日本の敬語論—ポライトネス理論からの再検討—』大修館書店、二〇〇五年
中岩 浩「最近の機械翻訳を取り巻く状況変化とニューラル機械翻訳技術 — EAMT2017 および MT Summit XVI を中心とした最新の技術動向—」『Japio YEAR BOOK 2017 寄稿集』日本特許情報機構、二〇一七年、二七二 - 二七九
中澤敏明「機械翻訳の新しいパラダイム ニューラル機械翻訳の原理」『情報管理』第六〇巻五号、国立研究開発法人科学技術振興機構、二〇一七年、二九九 - 三〇六
福島拓・吉野孝「クラウドソーシング上の単言語話者に依頼可能な多言語用例対訳作成手法の提案と評価」『言語処理学会発表論文集』言語処理学会、二〇一三年、三〇二 - 三〇五
松尾 豊『人工知能は人間を超えるか ディープラーニングの先にあるもの』角川選書、二〇一五年
山本里美・福島拓・吉野孝「クラウドソーシング上における使用者の属性情報を用いた用例対訳作成手法の提案」『電子情報通信学会技術研究報告』第一一三巻四四一号、電子情報通信学会、二〇一四年、七 - 一二
——「クラウドソーシング上の単言語話者による複数の機械翻訳を用いた用例対訳作成手法の提案」『情報処理学会論文誌』第五九巻一号、情報処理学会、二〇一八年、七六 - 八五

吉見毅彦「英日機械翻訳における代名詞翻訳の改良」『自然言語処理』第八巻三号、言語処理学会、二〇〇一年、八七－一〇六

油井　恵「日本語および英語における対称詞の機能：ポライトネスとの関連性」『駿河台大学論叢』第三三号、駿河台大学、二〇〇七年、一九－三〇

Austin, John L. 1962. *How to Do Things with Words*. Oxford: Oxford University Press.

Biber, Douglas, Stig Johansson, Geoffrey Leech, Susan Conrad, and Edward Finegan. 1999. *Longman Grammar of Spoken and Written English*. Edinburgh Gate: Pearson Education Ltd.

Brown, Penelope and Stephen Levinson. 1987. *Politeness: Some universals in language usage*. Cambridge: Cambridge University Press.

Brown, Roger and Marguerite Ford. 1961. "Address in American English." *Journal of Abnormal and Social Psychology* 62: 375-85.

Brown, Roger and Albert Gilman. 1960. "The Pronouns of Power and Solidarity." In: T. A. Sebeok (ed.), *Style in Language* 253-276. Cambridge, Mass: MIT Press.

Eelen, Gino. 2001. *A Critique of Politeness Theories*. Manchester: St Jerome Publishing.

Fraser, Bruce. 1990. "Perspectives on politeness." *Journal of Pragmatics* 14: 219-236.

Fukada, Atsushi and Noriko Asato. 2004. "Universal politeness theory：application to the use of Japanese honorifics." *Journal of Pragmatics* 36: 1991-2002.

Goffman, Erving. 1967. *Interaction Ritual: Essays on Face-to-Face Behavior*. New York: Pentheon Books

Grice, Paul. 1975. "Logic and conversation." In: Peter Cole and Jerry L. Morgan (eds.) *Syntax and Semantics, Vol. 3 Speech Acts*. 41-58. New York: Academic Press.

Gu, Yueguo. 1990. "Politeness phenomena in modern Chinese." *Journal of Pragmatics* 14 (2): 237-257.

Hatim, Basil and Ian Mason. 2000. "Politeness in Screen Translating." In Lawrence Venuti and Mona Baker (eds.) *The*

Translation Studies Reader 430-445. London: Routledge.

Holmes, Janet. 1995. *Women, Men, and Politeness*. New York: Longman

Ide, Sachiko. 1989. "Formal forms and discernment: Two neglected aspects of universals of linguistic politeness." *Multilingua* 8(2/3): 223-248.

Kroger, Rolf, O. Linda A. Wood, and Uichol Kim. 1984. "Are the rules of address universal? III: Comparison of Chinese, Greek and Korean Usage." *Journal of Cross-Cultural Psychology* 3: 273-84.

Lakoff, Robin. 1973. "The logic of politeness: Or minding your P's and Q's." In: C.Corum,T. Cedric Smith-Stark,and A. Weiser (eds.) *Papers from the Ninth Regional Meeting Chicago Linguistic Society* 9: 292-305. Chicago: Chicago Linguistic Society.

Leech, Geoffrey. 1983. *Principles of pragmatics* New York: Longman.

Matsumoto, Yoshiko. 1988. "Reexamination of the universality of face: Politeness phenomena in Japanese." *Journal of Pragmatics* 12: 403-426.

Mao, LuMing R. 1994 "Beyond politeness theory: 'Face' revisited and renewed." *Journal of Pragmatics* 21: 451-486

Mills, Sara. 2003. *Gender and Politeness*. Cambridge: Cambridge University Press.

Pizziconi, Barbara. 2003. "Re-examining politeness, face and the Japanese language." *Journal of Pragmatics* 35: 1471-1506.

Searle, John R. 1969. *Speech Acts: An Essay in the Philosophy of Language*. Cambridge: Cambridge University Press.

Sennrich, Rico, Barry Haddow, and Alexandra Birch. 2016. "Controlling Politeness in Neural Machine Translation via Side Constraints." In: *Proceedings of the 15th Annual Conference of the North American Chapter of the Association for Computational Linguistics: Human Language Technologies*. Association for Computational Linguistics, San Diego, California, USA, 35-40.

Watts, Richard J. 2003. *Politeness*. Cambridge: Cambridge University Press.

▼第一章　生田コメントへの応答

宇佐美まゆみ「「ポライトネス」という概念」『言語』第三一巻一号、大修館書店、二〇〇二年、一〇〇-一〇五

宇佐美まゆみ「異文化接触とポライトネス―ディスコース・ポライトネス理論の観点から―」『国語学』第五四巻三号、日本語学会、二〇〇三年、一一七-一三二

宇佐美まゆみ「ポライトネス理論研究のフロンティア―ポライトネス理論研究の課題とディスコース・ポライトネス理論―」『社会言語科学』第一一巻一号、社会言語科学会、二〇〇八年、四-二二

洪　珉杓「丁寧表現における日本語音声の丁寧さの研究」『音声学会会報』第二〇四号、日本音声学会、一九九三年、一二三-一三〇

Bousfield, D. (2008) *Impoliteness in Interaction*, Amsterdam, John Benjamins.

Brown, P and Levinson, S. (1987) *Politeness: Some universals in language usage*. Cambridge: Cambridge University Press.

Corum, C. (1975) “Basques, particles, and babytalk: a case for pragmatics.” In *Proceedings of the first annual meeting of the Berkeley Linguistics Society*, (pp. 90-99). Institute for Human Learning, Univ. of California, Berkeley.

Culpeper, J. (1996) “Towards an anatomy of impoliteness.” *Journal of Pragmatics* 25: 349-367.

Culpeper, J. (2008) “Reflections on impoliteness, relational work and power.” In Bousfield, D., and Locher, M. A.(Eds.). *Impoliteness in Language: Studies on its Interplay with Power in Theory and Practice*. (pp.17-44). Berlin and New York: Mouton de Gruyter.

Haugh, M and Obana, Y. (2011). “Politeness in Japan.” In Dániel Z. Kádár and Sara Mills (eds.), *Politeness in East Asia* (pp.147-175), Cambridge University Press, Cambridge.

Ofuka, E, McKeown, D, Waterman, M and Roach, P. (2000). “Prosodic cues for rated politeness in Japanese speech.” *Speech Communication* 32: 199-217

Venuti, L (1995) *The Translator's Invisibility: A History of Translation*, London and New York: Routledge.
Watts, R. J. (2003) *Politeness*. Cambridge: Cambridge University Press.

●第二章　機械翻訳の限界と人間による翻訳の可能性

小林雅一「Google 翻訳の性能が大幅に向上した理由とは？ ―自然言語処理に応用されるディープラーニングの原理と限界」『KDDI 総合研究所 R&A』二〇一七年五月号（https://rp.kddi-research.jp/download/report/RA2017004）二〇一八年三月三日取得
Mangiron, Carmen and Minako O'Hagan. 2006. "Game Localisation: Unleashing imagination with 'restricted' translation." *The Journal of Specialised Translation* 6: 10-21.
松尾　豊『人工知能は人間を越えるか ディープラーニングの先にあるもの』角川選書、二〇一五年
Munday, Jeremy. 2008. *Introducing Translation Studies*. New York. Routledge.（＝鳥飼玖美子監訳『翻訳学入門』みすず書房、二〇〇九年）
村上春樹『村上朝日堂はいかにして鍛えられたか』新潮文庫、一九九七年
行方昭夫『英文の読み方』岩波新書、二〇〇七年
オヘイガン統子「日本のテレビゲームの創造翻訳――ゲーム翻訳と日本におけるトランスレーション・スタディーズの一方向生」（マコーマック・ノア訳）佐藤＝ロスベアグ・ナナ（編）『トランスレーション・スタディーズ』みすず書房、二〇一一年、一七九－一九七
奥村　学（監修）『自然言語処理シリーズ４ 機械翻訳』コロナ社、二〇一四年
Poibeau, Theierry. 2017. *Machine Translation*. Massachusetts. The MIT Press.
Rozmyslowicz, Tomasz. 2014. "Machine Translation: A Problem for Translation Theory." *New Voices in Translation Studies* 11: 145-63.

坂井セシル「川端康成と村上春樹の翻訳に見られる文化的アイデンティティの構築――フランス型翻訳論の視座を超えて」佐藤＝ロスベアグ・ナナ（編）『トランスレーション・スタディーズ』みすず書房、二〇一一年、九九‐一一八

佐藤＝ロスベアグ・ナナ「文化を厚く翻訳する――知里真志保とアイヌの口頭伝承訳」佐藤＝ロスベアグ・ナナ（編）『トランスレーション・スタディーズ』みすず書房、二〇一一年、一九八‐二一八

中澤敏明 . 2017.「機械翻訳の新しいパラダイム　ニューラル機械翻訳の原理」『情報管理』第六〇巻五号、国立研究開発法人科学技術振興機構、二〇一七年、二九九‐三〇六

Angelelli, Claudia V. and Brian James Baer (ed.). 2016. *Researching Translation and Interpreting*. London and New York. Routledge.

Bar-Hillel, Yehoshua. “Some reflections on the present outlook for high quality machine translation (Position paper on MT in 1970).” LRC, University of Texas at Austin, xerox.

Chengzhi Zhang and Hui Cai. 2015. “On Technological Turn of Translation Studies: Evidences and Influences.” *Journal of Language Teaching and Research, Vol. 6, No. 2*: 429-434.

Čulo, Oliver. 2013. “From Translation Machine Theory to Machine Translation Theory – some initial considerations.” *INFuture2013: Information Governance*. Zagreb. Department of Information and Communication Sciences, Faculty of Humanities and Social Sciences, University of Zagreb: 31-38.

Frey, Carl Benedikt and Michael A. Osborne. 2013. “The Future of Employment: How Susceptible Are Jobs to Computerisation?”

(https://www.oxfordmartin.ox.ac.uk/downloads/academic/The_Future_of_Employment.pdf) 二〇一八年一月一五日取得

Hardmeier, Christian. 2015. “On Statical Machine Translation and Translation Theory.” *Proceedings of the Second Workshop on Discourse in Machine Translation*, Lisbon, Portugal. Association for Computational Linguistics:

168-72.
Johnson, Melvin, Mike Schuster, Quoc V. Le, Maxim Krikun, Yonghui Wu, Zhifeng Chen, Nikhil Thorat, Fernanda Viégas, Martin Wattenberg, Greg Corrado, Macduff Hughes, and Jeffrey Dean. 2016. "Google's Multilingual Neural Machine Translation System: Enabling Zero-Shot Translation." (https://arxiv.org/pdf/1611.04558v1.pdf) 二〇一八年四月一八日取得

▼第二章　鈴木コメントへの応答

Crawford, Tom. ed. *Books & Reading : A Book of Quotations*. Dover Publications, INC. 2002
Munday, Jeremy. 2008. *Introducing Translation Studies*. New York. Routledge.（＝鳥飼玖美子監訳『翻訳学入門』みすず書房、二〇〇九年）
Poibeau, Theierry. 2017. *Machine Translation*. Massachusetts. The MIT Press.
アントワーヌ・ベルマン『他者という試練——ロマン主義ドイツの文化と翻訳』藤田省一訳、みすず書房、二〇〇九年
黒木雅子『異文化論への招待』朱鷺書房、一九九六年
小松　学「サルトルとレヴィナスにおける言語と主体の問題―呼びかける／応答する主体―」『立命館大学人文科学研究所紀要』第九四号、立命館大学人文科学研究所、二〇一〇年、一〇五‐一二八
スティーブン・ピンカー『言語を生みだす本能』［上］椋田直子訳、NHK出版、一九九五年
レヴィナス『全体性と無限』（上・下）熊野純彦訳、岩波書店、二〇〇五‐二〇〇六年

●第三章　機械翻訳は言語帝国主義を終わらせるのか？

新井紀子『ＡＩ vs. 教科書が読めない子どもたち』東洋経済新報社、二〇一八年

池上嘉彦『英語の感覚・日本語の感覚』ＮＨＫブックス、二〇〇六年
岡﨑晴輝、鎌田厚志「エスペラント語の政治理論」『政治研究』第六三号、九州大学政治研究会、二〇一六年
カルヴェ Ｌ．Ｊ．（著）、砂野幸稔、今井勉、西山教行、佐野直子、中力えり（訳）『言語戦争と言語政策』三元社、二〇一〇年
川端康成「雪国」『川端康成集三〇』筑摩書房。英訳 Kawabata Yasunari translated by Edward G. Seidensticker (1996) *Snow Country*, Vintage Books. ドイツ語訳 Yasunari Kawabata [Aus dem Japanischen von Tobias Cheung.] (2004) *Schneeland*, Bibliothek Suhrkamp.
木村護郎クリストフ「英語のメガホンをとれ！　世界の英語化による公正のすすめ」『社会言語学』第一三号、社会言語学刊行会、二〇一三年、一八七－一九三
木村護郎クリストフ（編著）『節英のすすめ　脱英語依存こそ国際化・グローバル化対応のカギ』萬書房、二〇一六年
小林雅一『ＡＩの衝撃 人工知能は人類の敵か』講談社、二〇一五年
サンダルソラトール（著）、塚本茂蔵・吉田卓（訳）『言語帝国主義　英語と世界制覇の夢と現実』幻冬舎、二〇一〇年
中澤敏明「機械翻訳の新しいパラダイム　ニューラル機械翻訳の原理」『情報管理』第六〇巻五号、国立研究開発法人科学技術振興機構、二〇一七年、二九九－三〇六
長尾　真『機械翻訳はどこまで可能か』岩波書店、一九八六年
長尾　真「巻頭言　言語の壁を乗り越え相互理解を深めるために」砂岡和子・室井禎之（編著）『日本発多言語国際情報発信の現状と課題　ヒューマンリソースとグローバルコミュニケーションのゆくえ』朝日出版社、二〇一六年、一－四
新田義彦『機械翻訳の原理と活用法――古典的機械翻訳再評価の試み』明石書店、二〇一二年

松尾　豊『人工知能は人間を超えるか　ディープラーニングの先にあるもの』角川選書、二〇一五年

松原　仁「一般化フレーム問題の提唱」マッカーシーＪ．ヘイズＰ．Ｊ．松原仁（共著）、三浦謙（訳）『人工知能になぜ哲学が必要か　フレーム問題の発端と展開』哲学書房、一九八九＝一九九〇年

三浦信孝、糟谷啓介（編）『言語帝国主義とは何か』藤原書店、二〇〇〇年

吉川　寛「国際英語論とは」塩澤正、吉川寛、倉橋洋子、小宮富子、下内充『「国際英語論」で変わる日本の英語教育』くろしお出版、二〇一六年

渡辺太郎、今村賢治、賀沢秀人、Neubig Graham、中澤敏明（共著）、奥村学（監修）『機械翻訳』コロナ社、二〇一四年

Athanasopoulos, P., Bylund, E., MonteroMelis, G., Damjanovic, L., Schartner A., Kibbe, A., Riches N., and Thierry, G. 2015. 'Two Languages, Two Minds: Flexible Cognitive Processing Driven by Language of Operation, *Psychological Science*, Vol 26, Issue 4, University of Chester Digital Repository, 1-17.

Crystal, D. 1997=2003. *English as a Global Language*, Cambridge: Cambridge University Press.

Deutscher, G. 2010. *Through the Language Glass: Why the World Looks Different in Other Languages*, New York: Metropolitan Books. ガイ・ドイッチャー著、椋田直子訳『言語が違えば、世界も違って見えるわけ』合同出版、二〇一二年

Fiedler, S. 2010. Approaches to Fair Linguistic Communication, *European Journal of Language Policy*, 2(1), Liverpool University Press, 1-22.

Kachru, B. 1976. Models of English for the Third World, *TESOL Quarterly*, 10(2), TESOL International Association, 221-239.

Jenkins, J. 2007. *English as a lingua franca: Attitude and identity*, Oxford: Oxford University press.

Johnson, M., Schuster, M., Le, Q.V., Krikun, M., Wu, Y., Chen, Z. and Thorat, N. 2017. Google's Multilingual Neural Machine Translation System:Enabling Zero-Shot Translation. https://arxiv.org/abs/1611.04558（Accessed May

11, 2018）

Lakoff, G. 1987. *Women, Fire, and Dangerous Things*, University of Chicago Press: Chicago. ジョージ・レイコフ著、池上嘉彦・河上誓作訳『認知意味論：言語から見た人間の心』紀伊国屋書店、二〇一六年

Lessig, L. 2000. *Code: And Other Laws of Cyberspace*, New York: Basic Books. ローレンス・レッシグ著、山形浩生・柏木亮二訳『CODE —インターネットの合法・違法・プライバシー』翔泳社、二〇〇一年

McCarthy, J. 1968. Programs With Common Sense, In *Semantic Information Processing* eds. M. Minsky, 403-418. Cambridge: MIT Press.

McCarthy, J. & Hayes, P. J. 1969. Some Philosophical Problems From the Standpoint of Artificial Intelligence, *Machine Intelligence*, 4, Edinburgh University Press, 1-51.

Nagao, M. 1984. A Framework of a Mechanical Translation between Japanese and English by Analogy Principle , Proc.of the international NATO symposium on Artificial and human intelligence, 173-180.

Nagao, M., Tsujii, J. and Nakamura, J. 1985. The Japanese Government Project for Machine Translation, *Computational Linguistics*, 11, 2-3, Cambridge University Press, 91-110.

Neustupný, J.V. 2006. Sociolinguistic Aspects of Social Modernization, In *Sociolinguistics An International Handbook of the Science of Language and Society*, eds. U.Ammon, K. Mattheier, and P. Trudgill, 2209-2223. Berlin: Walter de Gruyter.

Ostler, N. 2010. *The Last Lingua Franca: English Until the Return of Babel*, United Kingdom: Walker & Company.

Phillipson, R. 1992. *Linguistic Imperialism*, Oxford: Oxford University Press.

Sapir, E. 1921. *Language: An Introduction to the Study of Speech*, United States: Harcourt, Brace.

Schutter, H.De, Robichaud, D., eds. 2016. *Linguistic Justice: Van Parijs and His Critics*, Abingdon-on-Thames: Routledge.

Seidlhofer, B. 2001. *Understanding English as a Lingua Franca,* Oxford: Oxford University.

Skutnab-Kangas, T. 1999. *Linguistic Genocide in Education - or Worldwide Diversity and Human Rights?*, Mahwah: Lawrence Erlbaum Associates.

Smith, L.E. ed. 1983. *Reading in English as an International Language*, Oxford: Pergamon Press.

Van Parijs, P. 2012. *Linguistic Justice for Europe and for the World*, Oxford: Oxford University Press.

Whorf, B. 1956. *Language, Thought, and Reality: Selected Writings of Benjamin Lee Whorf*, Cambridge: MIT Press.

Wu, Y. et al. 2016. Google's Neural Machine Translation System: Bridging the Gap between Human and Machine Translation. https://arxiv.org/abs/1609.08144 (Accessed May 11. 2018).

▶第三章　西島論文へのコメント（塚原）

糟谷啓介「言語へゲモニー　〈自発的同意〉を組織する権力」三浦信孝、糟谷啓介（編）『言語帝国主義とは何か』藤原書店、二〇〇〇年、二七五－二九二。

Hsu, Jeremy. (2017) *AI* Learns *Gender and Racial Biases From Language* [Online]. Available at: https://spectrum.ieee.org/tech-talk/robotics/artificial-intelligence/ai-learns-gender-and-racial-biases-from-language (Accessed 31 October 2018)

〔本企画にご協力をいただいた方々〕(敬称略、掲載順)

・巻頭言
木村　護郎クリストフ(きむら　ごろう)
上智大学外国語学部ドイツ語学科教授。

・コラム
隅田　英一郎(すみた　えいいちろう)
国立研究開発法人情報通信研究機構フェロー。

・第一章の論文へのコメント
生田 少子(いくた　しょうこ)
明治学院大学文学部英文学科教授。

・第二章の論文へのコメント
鈴木　章能(すずき　あきよし)
長崎大学大学院多文化社会学研究科・教育学部国際文化講座教授。

・第三章の論文へのコメント
塚原　信行(つかはら　のぶゆき)
京都大学国際高等教育院附属国際学術言語教育センター准教授。

【執筆者・協力者紹介】

〔編著者〕

瀧田　寧（たきた　やすし）
日本大学商学部准教授。日本大学大学院文学研究科哲学専攻博士後期課程満期退学。専門：西洋哲学。主な論文：「ロック哲学における「伝承」の問題─モンテーニュの『エセー』と比較して─」（『総合社会科学研究』通巻31号、総合社会科学会）。「ポパーとモンテーニュ─人間の無知の強調の先にあるもの─」（『批判的合理主義研究』通巻18号、日本ポパー哲学研究会事務局機関誌編集部）。「ロックにおける思考鍛錬の意義とその限界─誤謬原因としての観念連合を中心に─」（『イギリス理想主義研究年報』第9号、日本イギリス理想主義学会）。

西島　佑（にしじま　ゆう）
上智大学総合グローバル学部特別研究員PD。上智大学大学院グローバル・スタディーズ研究科国際関係論専攻博士後期課程満期退学。専門：政治哲学。主な論文：「国家語の概念小史：19世紀半ばから20世紀前半のドイツ語圏、保科孝一、田中克彦までにおける」（『言語政策』13、日本言語政策学会）。「旧ソ連地域における国家語の系譜：カウツキーからレーニン、ポスト・ソヴェトへの歴史的展開」（『上智ヨーロッパ研究』9、上智大学ヨーロッパ研究所）。「「特異点」と「技術」からみる言語と社会の過去と未来 ──テイヤール・ド・シャルダンの思想をてがかりに」（2015年度テイヤール・ド・シャルダン奨学金・金賞論文、上智大学理工学部・理工学研究所）。

〔共著者〕

羽成　拓史（はなり　たくし）
明治学院大学講師。明治学院大学大学院文学研究科英文学専攻博士後期課程満期退学。専門：社会言語学。主な論文：「謝罪ストラテジーに関する一考察 ─受け手側からの評価を中心に─」（『International Journal of Pragmatics』第21号、日本プラグマティックス学会）。「謝罪発話行為とポライトネス─データ収集方法の差異に着目して─」（『経営学紀要』第23巻　第1・2合併号、亜細亜大学短期大学部学術研究所）。「謝罪発話行為におけるポライトネス実現に聞き手が果たす役割に関する一考察」（『シルフェ』第52号、シルフェ英語英米文学会）。

瀬上　和典（せのうえ　かずのり）
東京工業大学講師。明治学院大学大学院文学研究科英文学専攻博士後期課程満期退学。専門：19世紀アメリカ文学。主な論文・著書：「詩人の夢と神秘主義の問い」（『East-West Studies of American Literature & Essays ─あるアメリカ文学者の系譜─』［一粒書房］所収）。「ラルフ・ウォルドー・エマソン」（『晩年にみる英米作家の生き方─モーム、ミラー、アップダイクほか15人の歩んだ道』［港の人］所収）。「流動する〈自然〉─Natureに見るEmersonの自然観」（『シルフェ』第56号、シルフェ英語英米文学会）。

機械翻訳と未来社会―言語の壁はなくなるのか

2019年7月10日　初版第1刷発行

編著者――――瀧田 寧　西島 佑
装　幀――――右澤康之
発行人――――松田健二
発行所――――株式会社 社会評論社
東京都文京区本郷 2-3-10
電話：03-3814-3861　Fax：03-3818-2808
http://www.shahyo.com
組　版――――Luna エディット .LLC
印刷・製本―株式会社ミツワ
Printed in Japan